일빵빵 + 가장 많이 쓰는 생활영어

(9-10-11-12월)

일빵빵
가장 많이 쓰는 생활영어(9-10-11-12월)

2020년 11월 1일 초판 1쇄 발행
2023년 11월 21일 초판 3쇄 발행

지 은 이 | 서장혁
펴 낸 이 | 서장혁
기획편집 | 이경은
디 자 인 | 조은영
마 케 팅 | 윤정아, 최은성

펴 낸 곳 | 일빵빵 어학 연구소
주   소 | 서울특별시 마포구 양화로 161 케이스퀘어 727호
T E L | 1544-5383
홈페이지 | www.tomato4u.com
E-mail | support@tomato4u.com
등   록 | 2012. 1. 11.

일빵빵

가장 많이 쓰는
생활영어

긴문장 말하기 3

서장혁 지음

9 SEP

10 OCT

11 NOV

12 DEC

토마토
출판사

Thanks to...

일빵빵을 사랑해주시는 독자 분들과
'가장 많이 쓰는' 시리즈를 함께 해준
일빵빵 어학 연구소 팀원들에게
감사드립니다.

'가장 많이 쓰는 생활영어'는

✓ **실생활 표현에 쓰이는**
영어단어를 연상하는 힘을 길러 드립니다.

단, 1,000개의 중학교 수준의 단어만 알면 365일 여러분의 생활을 영
어로 표현할 수 있습니다. 우리가 자유롭게 표현할 수 없는 이유는 알고 있
는 단어의 개수가 아니라 얼마나 적절한 단어를 순간 적절하게 연상할 수
있도록 연습이 되어 있는가의 문제입니다.

✓ **쉬운 단어와 문장만으로**
길게 조합하는 힘을 길러 드립니다.

단, 300개의 표현만으로 365일 실생활을 표현할 수 있습니다. 한국
에서 배우는 기초영어 수준의 예문 문장은 1초~2초정도의 문장입니다. 우
리가 단, 10초 정도의 말도 영어로 못하는 이유는 문장 표현을 몰라서가 각
문장들을 적절하게 조합하는 훈련이 안 되어 있어서 그렇습니다.

● 이제는 긴 문장으로 말하자!

▶ 1단계 미션 [동사찾기]

실생활 표현을 일기 형식으로 각 날짜별로 한글로 써보고, 각 문장마다 동사를 자동적으

로 찾아보는 단계. (밑줄)

예   졸업장을 받고 학사모를 쓰고 모두와 같이 사진도 찍었다.

→ 졸업장을 <u>받고</u> 학사모를 <u>쓰고</u> 모두와 같이 사진도 <u>찍었다.</u>

▶ 2단계 미션 [주어찾기]

위의 문장에서 표현할 동사를 찾았으면 각 동사에 맞는 주어를 있는 대로 찾아보는 단계.

주어 : (   ) / 숨어있는 주어 <   >

예   졸업장을 받고 학사모를 쓰고 모두와 같이 사진도 찍었다.

→ <나는> 졸업장을 <u>받고</u> <나는> 학사모를 <u>쓰고</u> <나는> 모두와 같이 사진도 <u>찍었다.</u>

▶ 3단계 미션 [문장구조 파악하기]

각 문장마다 '주어 + 동사'를 묶어보면서 그러한 문장이 몇 개가 조합되어 있는지 파악하는 단계.

예 <나는> 졸업장을 받고 <나는> 학사모를 쓰고 <나는> 모두와 같이 사진도 찍었다.

→ [나는] + [받았다] + 졸업장을 + 그리고 + [나는] + [썼다] + 학사모를 + 그리고
    S   V   S   V
+ [나는] + [찍었다] + 사진도 + 모두와 같이
   S   V

▶ 4단계 미션 [문장다듬기]

각 표현에 맞는 영단어 연상과 배열을 통해 긴 문장을 조합해 서 다듬어 나가는 단계.

예 [나는] + [받았다] + 졸업장을 + 그리고 + [나는] + [썼다] + 학사모를 + 그리고 +
   S   V   S   V
[나는] + [찍었다] + 사진도 + 모두와 같이
 S   V

→ [I] + [received] + my diploma + and + [I] + [put on] + my grada-
   S   V   S   V
tion cap + and + [I] + [took] + pictures + with everyone.
                     S   V

→ I received my diploma <u>and I</u> put on my graduation cap <u>and I</u> took pictures with everyone.

→ I received my diploma, put on my graduation cap, and took pictures with everyone.

3권에서 알아두어야 할 어휘

축하해 주다	= congratulate
졸업장을 받다	= receive my diploma
학사모를 쓰다	= put on one's graduation cap
사진을 찍다	= take a picture
좋은 추억을 쌓다	= make many good memories

인턴을 하다	= get an internship
구인광고를 검색하다	= look through job posting
증명 사진을 찍다	= take one's ID photo
이력서를 만들다	= create a resume
자기소개서를 쓰다	= write a cover letter
지원서를 넣다	= submit one's applications
면접에 부르다	= invite someone for an interview

통지를 (전화로) 받다	= receive the call
면접에 통과하다	= pass the interview
~하면서 시간을 보내다	= spend the time ~ing
서류 복사 하다	= make copies of documents
팩스 보내다	= send fax
컴퓨터를 켜다	= turn on one's computer
이메일을 체크하다	= check one's email
안도하다	= feel relieved
실수하다	= make a mistake

어떠한 실수도 하지 않다	= do not make any mistakes

회의실을 예약하다	= reserve a conference room
발표를 준비하다	= prepare for my presentation
발표하다	= deliver my presentation
피드백을 받다	= receive feedback
~와 의견을 교환하다	= exchange opinions with~
긴장하다	= be nervous

(옷 등이) 더러워지다	= get dirty
드라이 맡기다	= have it dry-cleaned
약속 하다	= have an appointment
셔츠를 맡기다	= drop off one's shirts
편리하다	= be convenient

미용실에 가다	= go to the hair salon
파마를 원하다	= want a perm
머리가 손상 되다	= (my hair) be damaged
상한 머리를 손보다	= clean up the damage
머리를 다듬다	= get a trim
머리를 갈색으로 염색하다	= dye my hair brown
머리숱을 치다	= get my hair thinned

계좌를 개설하다	= open a new account
번호표를 뽑다	= take a number
내 순서를 기다리다	= wait for my turn
입금하다	= make deposits

이체하다	= transfer
대출 받다	= receive loans
현금을 인출하다	= withdraw some cash
ATM을 사용하다	= use the ATM
카드를 넣다	= put in my card
비밀번호를 입력하다	= enter my PIN

으슬으슬 춥다	= have a chill
콧물이 나오다	= have a runny nose
병원에 가다	= visit the clinic
치료받다	= receive treatment
주사를 맞다	= get a shot
처방전을 받다	= get a prescription
약을 조제하다	= fill a prescription
1회분의 약을 복용하다	= take a dose
몸이 욱신거리다	= (my body) aches

영화를 개봉하다, 초연하다	= premiere
내게 연락하다	= contact me
영화관에서 첫 상영하다	= start playing in theatre
휴대폰은 진동으로 바꾸다	= switch our phones to vibrate
지정석에 앉다	= sit down in my numbered seat

별다른 계획이 없다	= have no other plans
안내 책자를 보다	= have a look at the guide booklet
줄서다	= stand in line
보관소에 가방을 맡기다	= leave my bag in the storage room

작품을 감상하다 = appreciate the work

캠핑장에 가다 = go to the campground
장비를 챙기다 = pack the equipment
장보러 가다 = go shopping at a store
텐트를 치다 = set up the tent
벌레가 많다 = there are a lot of bugs
모기장을 치다 = set up a mosquito net

결혼하다 = get married
브라이덜 샤워를 하다 = throw a bridal shower
옷을 입다 = put on dresses
파티룸을 장식하다 = decorate a party room
음식과 디저트를 마련하다 = prepare delicious food and desserts

결혼식장에 모이다 = gather for the wedding
하객을 맞이하다 = welcome the guests
오래 동안 보지 못하다 = haven't seen for a long time
뒤풀이를 하다 = throw an after party

서프라이즈 파티를 하다 = throw a surprise party
선물을 사다 = buy a present
카드를 쓰다 = write the card
놀라다 = be startled
흥분하다 = get excited
좋은 시간을 갖다 = have a great time

집에 나를 초대하다	= invite me to one's house
~와 같은 날이다	= be on the same day as ~
음식을 나누어 먹다	= share food

집들이를 하다	= throw a housewarming party
강한 인상을 남기다	= make a strong impression
살림을 잘하다	= take good care of the house
서로 좋아 보이다	= look so good together

출산 하다	= have a child
당황스러워 보이다	= look bewildered
계속 울다	= keep crying
번갈아 교대로 아이를 안아주다	= take turns holding the baby
결혼하고 싶어지다	= feel like getting married

삼겹살을 양념하다	= marinate the pork belly strips
랩에 싸다	= wrap them up
누군가를 부러워하다	= envy someone
~의 승진을 축하하다	= celebrate one's promotion
~의 승진을 축하하다	= congratulate someone on someone's promotion

헤어지다	= break up with ~
나무를 장식하다	= decorate the tree
나무 밑에 선물을 두다	= place the presents under the tree
캐롤을 듣다	= listen to carols
크리스마스 기분을 느끼다	= feel the Christmas spirit

송년 파티를 열다	= throw an end-of-the-year party
회사 라운지를 빌리다	= borrow the office lounge
퇴근 후에 모이다	= gather after work
"해피뉴이어"를 외치다	= shout "Happy New Year!"
휴가를 쓰다	= use my vacation days
여행을 가다	= go on a trip
많은 여행을 가다	= go on more trips
~에 대한 결과를 보고 싶다	= want to see results for ~
정직원이 되다	= become a full-time employee

일빵빵 가장 많이 쓰는 생활영어
CONTENTS

오늘의
생활 영어 미션 ㊶

9월 1일 수요일 바람

드디어 졸업식 날이다.

가족 모두 축하해주러 졸업식에 왔다.

졸업장을 받고 학사모를 쓰고 모두와 같이 사진도 찍었다.

학교 다니면서 많은 추억도 있었고 많은 것을 배울 수 있었다.

이제는 당당한 사회인으로서 더 열심히 일해야지.

※ 동사는 밑줄로 표시하기.

1. 드디어 졸업식 날이다. (1개)

2. 가족 모두 축하해주러 졸업식에 왔다. (1개)

3. 졸업장을 받고 학사모를 쓰고 모두와 같이 사진도 찍었다. (3개)

4. 학교 다니면서 많은 추억도 있었고 많은 것을 배울 수 있었다. (2개)

5. 이제는 당당한 사회인으로서 더 열심히 일해야지. (1개)

2단계 주어 찾기

※ 주어를 있는대로 찾아보기(숨어있는 주어 포함).

1. 드디어 졸업식 날이다. (1개)

`주어`

2. 가족 모두 축하해주러 졸업식에 왔다. (1개)

`주어`

3. 졸업장을 받고 학사모를 쓰고 모두와 같이 사진도 찍었다. (3개)

`주어`

4. 학교 다니면서 많은 추억도 있었고 많은 것을 배울 수 있었다. (2개)

`주어`

5. 이제는 당당한 사회인으로서 더 열심히 일해야지. (1개)

`주어`

해답

1. <가주어> 드디어 졸업식 날이다. (1개)
2. (가족 모두) 축하해주러 졸업식에 왔다. (1개)
3. <나는> 졸업장을 받고 <나는> 학사모를 쓰고 <나는> 모두와 같이 사진도 찍었다. (3개)
4. 학교 다니면서 <나는> 많은 추억도 있었고 <나는> 많은 것을 배울 수 있었다. (2개)
5. 이제는 당당한 사회인으로서 <나는> 더 열심히 일해야지. (1개)

* 주어 : ( ), 숨은 주어 : < >

3단계 문장 구조 파악하기

※ 보기를 이용해 문장을 완성하고, 문장의 구조 파악하기.

1. 드디어 졸업식 날이다.

= 드디어 + [   ] + [   ] + 졸업식 날
           S   V

2. 가족 모두 축하해주러 졸업식에 왔다.

= [   ] + [   ] + 졸업식에 + 축하해 주러
   S   V

3. 졸업장을 받고 학사모를 쓰고 모두와 같이 사진도 찍었다.

= [   ] + [   ] + 졸업장을 + 그리고 + [   ] + [   ] + 학사모를 + 그리고 +
   S   V   S   V

[   ] + [   ] + 모두와 같이
  S   V

4. 학교 다니면서 많은 추억도 있었고 많은 것을 배울 수 있었다.

= 학교 다니면서 + [   ] + [   ] + 많은 추억도 + 그리고 + [   ] + [   ] + 많은 것을
                   S   V   S   V

5. 이제는 당당한 사회인으로서 더 열심히 일해야지.

= 이제는 + 당당한 사회인으로서 + [   ] + [   ] + 더 열심히
                                S   V

보기

S   I / It / My whole family

V   made / took / is / received / was able to learn / came / put on / am going to
     work

4단계 **문장 다듬기**

※ 어휘를 활용해서 문장 완성하기.

1. 드디어 졸업식 날이다.

= 드디어 + [가주어] + [~이다] + 졸업식 날
　　　　　 S　　　　 V

- 드디어

> = finally
> - 문장 앞에 올수도 있고 be 동사 뒤에 올 수도 있다.

❶ 가주어 + ~이다

> = It is

- 졸업식 날

> = graduation day
> - graduate : 졸업하다
> - graduation : 졸업

어순 정리 **It is finally graduation day.** [문장1개]

2. 가족 모두 축하해주러 졸업식에 왔다.

= [가족 모두] + [왔다] + 졸업식에 + 축하해 주러
　　 S　　　　 V

❶ 가족 모두 + 왔다

> = My whole family came
> - whole : (형용사) 전체의, 온통
> **조의** '가족 모두' 같은 표현은 한국말로는 표현이 자연스럽지
> 만, 영어에서는 품사의 위치를 정확히 해줘야 하므로, 표현이

- 가능한 '영어식 어순'으로 바꿔주는 연습이 필요하다.
- whole family : 가족 모두 = 모든 가족

- 졸업식에

= **to the ceremony**
- ceremony : 의식, 식
- to the (graduation) ceremony

- 축하해 주러

= **to congratulate me**
- congratulate + 목적어 : ~를 축하하다
- '~하기 위해, ~하려고, ~하러'는 모두 to 부정사로 처리해 준다.
- to congratulate me : 나를 축하해 주러

(어순 정리) **My whole family came to the ceremony to congrat-ulate me.** [문장1개]

3. 졸업장을 받고 학사모를 쓰고 모두와 같이 사진도 찍었다.

= [나는] + [받았다] + 졸업장을 + 그리고 + [나는] + [썼다] + 학사모를 + 그리고 +
    S   V   S   V

[나는] + [찍었다] + 사진도 + 모두와 같이
 S   V

❶ 나는 + 받았다

= **I received**
- receive : 받아들이다, 수령하다

- 졸업장을

= **my diploma**
- diploma : 졸업장, 수료장

ⓒ 그리고

= **and**

❷ 나는 + 썼다

- 학사모를

= I put on

= my graduation cap

ⓒ 그리고

= and

❸ 나는 + 찍었다

- 사진도

- 모두와 같이

= I took

= pictures

= with everyone

(어순 정리) I received my diploma and I put on my graduation cap and I took pictures with everyone.

\# 문장을 더 줄여보자

= 동사 병렬 구조

= I received~, put on~, and took pictures~

= A, B, and C

(어순 정리) I received my diploma, put on my graduation cap, and took pictures with everyone. [문장3개]

4. 학교 다니면서 많은 추억도 있었고 많은 것을 배울 수 있었다.

= 학교 다니면서 + [나는] + [있었다] + 많은 추억도 + 그리고 + [나는] + [배울 수 있
                  S   V   S   V
었다] + 많은 것을

• 학교 다니면서

> = **During my time at school**
> • my time at ~ : ~ 에 있는 시간

❶ **나는 + 있었다**

> = **I made**
> • make memories : 추억거리가 있다

• 많은 추억도

> = **many good memories**

ⓒ **그리고**

> = **and**

❷ **나는 +**
배울 수 있었다

> = **I was able to learn**
> • be able to : ~할 수 있다

• 많은 것을

> = **a lot**
> • a lot : 다량, 다수
> = 동사 병렬 구조
> = I made~ and (I) was able to~

(어순 정리) **During my time at school, I made many good mem-
ories and was able to learn a lot.** [문장2개]

5. 이제는 당당한 사회인으로서 더 열심히 일해야지.

= 이제는 + 당당한 사회인으로서 + [나는] + [일해야지] + 더 열심히
                                            S   V

- 이제는

  = Now

- 당당한 사회인으로서

  = as a proud member of society
  - as : ~로서
  - proud : 당당한
  - member of ~ : ~의 멤버
  - society : 사회인

❶ 나는 + 일해야지

  = I am going to work

- 더 열심히

  = even harder

(어순 정리) **Now, as a proud member of society, I'm going to work even harder.** [문장1개]

5단계   미션클리어

※ 한글 문답을 보고 시간 내에 영어로 말해보기.(20초)

Korean ver.

9월 1일 수요일 바람

드디어 졸업식 날이다.

가족 모두 축하해주러 졸업식에 왔다.

졸업장을 받고 학사모를 쓰고 모두와 같이 사진도 찍었다.

학교 다니면서 많은 추억도 있었고 많은 것을 배울 수 있었다.

이제는 당당한 사회인으로서 더 열심히 일해야지.

English ver.

Wednesday, September 1st windy

It's finally graduation day.

My whole family came to the ceremony to congratulate me.

I received my diploma, put on my graduation cap, and took pictures with everyone.

During my time at school, I made many good memories and was able to learn a lot.

Now, as a proud member of society, I'm going to work even harder.

오늘의
생활 영어 미션 ㊷

나는 원래 졸업하기 전에 인턴을 하고 싶었다.

그래서 저번 주부터 구인 광고를 검색했고 사진도 찍었다.

이력서를 만들고 자기소개서를 쓴 후에 지원서를 넣었다.

한 회사에서 면접을 보러 오라고 해서 오늘 갔다.

무슨 질문을 받았는지 하나도 기억이 안 난다. 부디 좋은 소식이 있

기를!

※ 동사는 밑줄로 표시하기.

1. 나는 원래 졸업하기 전에 인턴을 하고 싶었다. (1개)

2. 그래서 저번 주부터 구인 광고를 검색했고 사진도 찍었다. (2개)

3. 이력서를 만들고 자기소개서를 쓴 후에 지원서를 넣었다. (3개)

4. 한 회사에서 면접을 보러 오라고 해서 오늘 갔다. (2개)

5. 무슨 질문을 받았는지 하나도 기억이 안 난다. (1개)

해답	
	1. 나는 원래 졸업하기 전에 인턴을 <u>하고 싶었다</u>. (1개)
	2. 그래서 저번 주부터 구인 광고를 <u>검색했고</u> 사진도 <u>찍었다</u>. (2개)
	3. 이력서를 <u>만들고</u> 자기소개서를 <u>쓴</u> 후에 지원서를 <u>넣었다</u>. (3개)
	4. 한 회사에서 면접을 보러 <u>오라고</u> 해서 오늘 <u>갔다</u>. (2개)
	5. 무슨 질문을 <u>받았는지</u> 하나도 기억이 안 난다. (1개)

※ 주어를 있는대로 찾아보기(숨어있는 주어 포함).

1. 나는 원래 졸업하기 전에 인턴을 하고 <u>싶었다</u>. (1개)

`주어`

2. 그래서 저번 주부터 구인 광고를 <u>검색했고</u> 사진도 <u>찍었다</u>. (2개)

`주어`

3. 이력서를 <u>만들고</u> 자기소개서를 <u>쓴</u> 후에 지원서를 <u>넣었다</u>. (3개)

`주어`

4. 한 회사에서 면접을 <u>보러 오라고</u> 해서 오늘 <u>갔다</u>. (2개)

`주어`

5. 무슨 질문을 받았는지 하나도 <u>기억이 안 난다</u>. (1개)

`주어`

해답

1. (나는) 원래 졸업하기 전에 인턴을 하고 <u>싶었다</u>. (1개)
2. 그래서 저번 주부터 <나는> 구인 광고를 <u>검색했고</u> <나는> 사진도 <u>찍었다</u>. (2개)
3. <나는> 이력서를 <u>만들고</u> <나는> 자기소개서를 <u>쓴</u> 후에 <나는> 지원서를 <u>넣었다</u>. (3개)
4. (한 회사에서) 면접을 <u>보러 오라고</u> 해서 <나는> 오늘 <u>갔다</u>. (2개)
5. <나는> 무슨 질문을 받았는지 하나도 <u>기억이 안 난다</u>. (1개)

<small>* 주어 : ( ), 숨은 주어 : < ></small>

문장 구조 파악하기

※ 보기를 이용해 문장을 완성하고, 문장의 구조 파악하기.

1. 나는 원래 졸업하기 전에 인턴을 하고 싶었다.

= [   ] + [   ] + 원래 + 인턴을 + 졸업하기 전에
   S   V

2. 그래서 저번 주부터 구인 광고를 검색했고 사진도 찍었다.

= 그래서 + 저번 주부터 + [   ] + [   ] + 구인광고를 + [   ] + [   ] + 또한 + 사진을
                        S   V   S   V

3. 이력서를 만들고 자기소개서를 쓴 후에 지원서를 넣었다.

= ~한 후에 + [   ] + [   ] + 이력서를 + 그리고 + [   ] + [   ] + 자기소개서를 +
              S   V   S   V

[   ] + [   ] + 지원서를
   S   V

4 한 회사에서 면접을 보러 오라고 해서 오늘 갔다.

= [   ] + [   ] + 나를 + 면접을 + 그래서 + [   ] + [   ] + 오늘
   S   V   S   V

5. 무슨 질문을 받았는지 하나도 기억이 안 난다.

= [   ] + [   ] + 무슨 질문을
   S   V

보기

S   I / One company

V   invited / can't remember / sumitted / have looked through / created / want-
     ed to get / took / wrote / went

※ 어휘를 활용해서 문장 완성하기.

1. 나는 원래 졸업하기 전에 인턴을 하고 싶었다.

= [나는] + [하고 싶었다] + 원래 + 인턴을 + 졸업하기 전에
　　S　　　　V

❶ 나는 +
**　하고 싶었다**

> = I wanted to get
> • get an internship : 인턴을 하다

• 원래

> = always
> • 원래 = 항상
> • 문장안에서는 일반 동사 앞에 위치한다.

• 인턴을

> = an internship

• 졸업하기 전에

> = before graduating

어순 정리) **I always wanted to get an internship before graduating.** [문장1개]

2. 그래서 저번 주부터 구인 광고를 검색했고 사진도 찍었다.

= 그래서 + 저번 주부터 + [나는] + [검색했다] + 구인광고를 + [나는] + [찍었다] +
　　　　　　　　　　　　S　　　　V　　　　　　　　　　　S　　　　V
사진도

❻ 그래서

> = So

- 저번 주부터 | = since last week

① **나는 + 검색했다**

= I have looked through
- look through : 검색하다, 찾아보다
- 앞 문장에 'since'가 붙어있으므로 뒤 문장의 시제는 'have + p.p' 즉, 완료형이 와야 한다.

- 구인광고를

= job posting
- posting : 게시판, 토론방에 올리는 글

② **나는 + 찍었다**

= I took

- 사진도

= my ID photo
- 여기서 사진은 이력서에 붙일 사진이므로 ID(identification : 증명서)에 쓰일 사진을 말한다.
- ~도 : 영어에서 명사에 붙일 수는 없으므로 'also' 단어로 바꾸어서 문장 안에 배치한다.

어순 정리 **So, since last week, I've looked through job posting. I also took my ID photo.** [문장2개(1+1)]

3. 이력서를 만들고 자기소개서를 쓴 후에 지원서를 넣었다.

= ~한 후에 + [나는] + [만들었다] + 이력서를 + 그리고 + [나는] + [썼다] + 자기소
　　　　　　S　　　 V　　　　　　　　　　　　　　 S　　　 V
개서를 + [나는] + [넣었다] + 지원서를
　　　　　 S　　　 V

ⓒ **~한 후에**

= After

❶ 나는 + 만들었다

= I created

· create a resume : 이력서를 만들다, 꾸미다

· 이력서를

= a resume

ⓒ 그리고

= and

❷ 나는 + 썼다

= I wrote

· 자기소개서를

= a cover letter

❸ 나는 + 넣었다

= I submitted

· submit : 넣었다, 제출하다

· 지원서를

= my applications

어순정리 **After I created a resume and I wrote a cover letter, I submitted my applications.**

문장을 더 줄여보자

부사 의미의 접속사(After)가 들어간 문장은 주어와 동사를 변형시켜서 구문으로 바꿀 수 있다. 앞 2개 문장의 주어 'I'와 뒷 문장의 주어 'I'는 중복이므로 앞 문장의 주어는 생략 가능하고, 동사 시제가 같은 과거형이므로 '동사원형 + ing'를 붙여준다.

After I created~ and I wrote~ → After creating~ and writing~

After creating a resume and writing a cover letter, I submitted my applications. [문장1개]

4. 한 회사에서 면접을 보러 오라고 해서 오늘 갔다.

= [한 회사에서] + [보러 오라고 했다] + 나를 + 면접을 + 그래서 + [나는] + [갔다] +
S   V   S   V

오늘

❶ 한 회사에서 +
불렀다

= One company invited
- 보러 오라고 하다 = ~ 부르다
- invite : 초대하다, ~에 부르다

- 나를
= me

- 면접을
= for an interview

ⓒ 그래서
= so

❷ 나는 + 갔다
= I went

- 오늘
= today

 One company invited me for an interview, so I went today. [문장2개]

5. 무슨 질문을 받았는지 하나도 기억이 안 난다.

= [나는] + [기억이 안 난다] + 하나도 + 무슨 질문을
     S   V

❶ 나는 +
기억이 안 난다

= I can't remember

- 하나도

= any
- '하나도' 같은 강조하는 표현은 따로 단어를 사용하기보다 뒤에 나오는 명사나 앞의 부정형에 'any' 등을 붙여서 강조해 주면 된다.

- 무슨 질문을

= of the questions
- '무슨'은 뒤에 '기억이 안 난다'를 강조하기 위한 의미이므로 영작에서 크게 신경 쓰지 않아도 된다.
- any of the questions : 어떤 질문인지 하나도~

어순 정리 **I can't remember any of the questions.** [문장1개]

5단계 미션클리어

※ 한글 문답을 보고 시간 내에 영어로 말해보기.(20초)

Korean ver.

9월 6일 월요일 따듯함

나는 원래 졸업하기 전에 인턴을 하고 싶었다.

그래서 저번 주부터 구인 광고를 검색했고 사진도 찍었다.

이력서를 만들고 자기소개서를 쓴 후에 지원서를 넣었다.

한 회사에서 면접을 보러 오라고 해서 오늘 갔다.

무슨 질문을 받았는지 하나도 기억이 안 난다.

English ver.

Monday, September 6th warm

I always wanted to get an internship before graduating.

So, since last week, I've looked through job postings. I also took my ID

photo.

After creating a resume and writing a cover letter, I submitted my applications.

One company invited me in for an interview, so I went today.

I can't remember any of the questions.

오늘의
생활 영어 미션 ㊸

9월 13일 월요일 바람

인턴 합격했다는 통지를 받은 것은 지난 주 목요일이었다.

드디어 오늘 내 생애 첫 출근 날이다.

오전에는 서류 복사하고 팩스를 보내면서 시간을 보냈다.

점심시간에는 컴퓨터를 켜고 이메일도 확인했다.

첫 날인데 실수가 없었던 것 같아 안도가 되었다.

※ 동사는 밑줄로 표시하기.

1. 인턴 합격했다는 통지를 받은 것은 지난 주 목요일이었다.   (3개)

2. 드디어 오늘 내 생애 첫 출근 날이다.   (1개)

3. 오전에는 서류 복사하고 팩스를 보내면서 시간을 보냈다.   (1개)

4. 점심시간에는 컴퓨터를 켜고 이메일도 확인했다.   (2개)

5. 첫 날인데 실수가 없었던 것 같아 안도가 되었다.   (2개)

해답

1. 인턴 <u>합격했다는</u> 통지를 <u>받은</u> 것은 지난 주 목요일<u>이었다</u>.   (3개)
2. 드디어 오늘 내 생애 첫 출근 <u>날이다</u>.   (1개)
3. 오전에는 서류 복사하고 팩스를 <u>보내면서</u> 시간을 보냈다.   (1개)
4. 점심시간에는 컴퓨터를 <u>켜고</u> 이메일도 <u>확인했다</u>.   (2개)
5. 첫 날인데 실수가 <u>없었던</u> 것 같아 안도가 <u>되었다</u>.   (2개)

※ 주어를 있는대로 찾아보기(숨어있는 주어 포함).

1. 인턴 <u>합격했다는</u> 통지를 <u>받은</u> 것은 지난 주 목요일<u>이었다</u>.   (3개)

`주어`

2. 드디어 오늘 내 생애 첫 출근 <u>날이다</u>.   (1개)

`주어`

3. 오전에는 서류 복사하고 팩스를 보내면서 시간을 <u>보냈다</u>.   (1개)

`주어`

4. 점심시간에는 컴퓨터를 <u>켜고</u> 이메일도 <u>확인했다</u>.   (2개)

`주어`

5. 첫 날인데 실수가 <u>없었던</u> 것 같아 안도가 되었다.   (2개)

`주어`

해답

1. <내가> 인턴 합격했다는 통지를 <내가> 받은 것은 <가주어> 지난 주 목요일<u>이었다</u>.   (3개)
2. 드디어 (오늘) 내 생애 첫 출근 <u>날이다</u>.   (1개)
3. 오전에는 <나는> 서류 복사하고 팩스를 보내면서 시간을 보냈다.   (1개)
4. 점심시간에는 <나는> 컴퓨터를 켜고 <나는> 이메일도 확인했다.   (2개)
5. 첫 날인데 <나는> 실수가 없었던 것 같아 <나는> <u>안도가</u> 되었다.   (2개)

• 주어 : ( ), 숨은 주어 : < >

※ 보기를 이용해 문장을 완성하고, 문장의 구조 파악하기.

1. 인턴 합격했다는 통지를 받은 것은 지난 주 목요일이었다.

= [   ] + [   ] + 지난 주 목요일 + ~할 때 + [   ] + [   ] + 통지를 + ~라는 +
    S   V   S   V

[   ] + [   ] + 인턴
 S   V

2. 드디어 오늘 내 생애 첫 출근 날이다.

= [   ] + [   ] + 드디어 + 내 생애 첫 출근 날
    S   V

3. 오전에는 서류 복사하고 팩스를 보내면서 시간을 보냈다.

= 오전에는 + [   ] + [   ] + 시간을 + 서류 복사하고 팩스를 보내면서
          S   V

4. 점심시간에는 컴퓨터를 켜고 이메일도 확인했다.

= 점심시간에는 + [   ] + [   ] + 컴퓨터를 + 그리고 + [   ] + [   ] + 이메일도
             S   V   S   V

5. 첫 날인데 실수가 없었던 것 같아 안도가 되었다.

= [   ] + [   ] + 왜냐하면 + [   ] + [   ] + 실수가 + 첫 날인데
    S   V   S   V

보기

S   I / It / Today

V   spent / is / passed / hadn't made / turned on / felt relieved / received / was / checked

4단계　문장 다듬기

※ 어휘를 활용해서 문장 완성하기.

1. 인턴 합격했다는 통지를 받은 것은 지난 주 목요일이었다.

= [가주어] + [~이었다] + 지난 주 목요일 + ~할 때 + [나는] + [받았다] + 통지를 +
　　S　　　V

~라는 + [나는] + [합격했다] + 인턴을
　　　　　S　　　V

❶ **가주어 + ~이었다**　　　= It was

　• 지난 주 목요일　　　　= last Thursday

ⓒ **~할 때**　　　　　　= when
　　　　　　　　　　• 앞에 시간을 나타내는 명사가 나올 때 뒤의 문장과 이어주
　　　　　　　　　　　기 위해 표현하는 부사 관계 접속사이다.

❷ **나는 + 받았다**　　　= I received

　• 통보를　　　　　　= the call
　　　　　　　　　　• 여기서는 전화로 '통보'를 했으므로 그냥 'call'이란 표현을
　　　　　　　　　　　써도 된다.

ⓒ **~라는**　　　　　　= that
　　　　　　　　　　• 앞에 명사가 나오고 that 뒤에 완전한 문장이 나오면 형용
　　　　　　　　　　　사절이나 명사절이 아닌 앞의 명사와 뒤의 문장이 서로
　　　　　　　　　　　대등한 '동격'의 관계가 된다. 이럴 경우 'that'은 생략하지

┌───┐
│ 않는다.   │
│   │
❸ **나는 + 합격했다**   │ = **I passed**   │
│   │
 • 인턴을   │ = **the internship interview** │
│   • 인턴을 = 인턴 면접을   │
└───┘

어순 정리 **It was last Thursday when I received the call that I passed the internship interview.** [문장3개]

주의 It is/was ~A that/when/where ~B : 'B 한 것은 A 이다'라고 역으로 해석한다.

2. 드디어 오늘 내 생애 첫 출근 날이다.

= [오늘은] + [~이다] + 드디어 + 내 생애 첫 출근 날
    S   V

┌───┐
❶ **오늘은 + ~이다** │ = **Today is**   │
│   │
 • 드디어   │ = **finally**   │
│   • 문장 앞이나 be동사 뒤에 위치한다. │
│   │
 • 내 생애 첫 출근 날 │ = **my first day of going to work** │
│   • go to work : 출근하다   │
└───┘

어순 정리 **Today is finally my first day of going to work.** [문장1개]

3. 오전에는 서류 복사하고 팩스를 보내면서 시간을 보냈다.

= 오전에는 + [나는] + [보냈다] + 시간을 + 서류 복사하고 팩스를 보내면서
                               S   V

· 오전에는

> = in the morning

❶ **나는 + 보냈다**

> = I spent
> · spend (on) ~ ing : ~하면서 시간을 보내다
> · spend - spent - spent

· 시간을

> = the time

· 서류 복사하고 팩스를 보내면서

> = making copies of documents and sending faxes
> · make copies : 서류 복사하다
> · send fax : 팩스 보내다
> · 두 표현 모두 앞에 'spend ~ing'에 해당되므로 'ing' 형태로
>   바꾸어서 표현해 준다.

(어순 정리) **In the morning, I spent the time making copies of documents and sending faxes.** [문장1개]

4. 점심시간에는 컴퓨터를 켜고 이메일도 확인했다.

= 점심시간에는 + [나는] + [켰다] + 컴퓨터를 + 그리고 + [나는] + [확인했다] + 이
　　　　　　　 S　　　 V　　　　　　　　　　　　　 S　　　　 V
메일도

* 점심시간에는 　　　　　　　= During lunchtime

❶ **나는 + 켰다** 　　　　　= I turned on
　　　　　　　　　　　　　　　 * turn on : 기계나 장치를 켜다

* 컴퓨터를 　　　　　　　　　= my computer

© **그리고** 　　　　　　　　= and

❷ **나는 + 확인했다** 　　　= I checked

* 이메일도 　　　　　　　　　= my email
　　　　　　　　　　　　　　　 주의 '~도'라는 의미는 문장안에서 'also'나 'too'를 사용해준다.

　　　　　　　　　　　　　　　 어순 정리 During lunchtime, I turned on
　　　　　　　　　　　　　　　 my computer and I also checked my
　　　　　　　　　　　　　　　 email.

문장을 더 줄여보자 　　　= 동사 병렬 구조
　　　　　　　　　　　　　　　 = I turned on~ and (I) checked~

During lunchtime, I turned on my computer and also checked my email. [문장2개]

5. 첫 날인데 실수가 없었던 것 같아 안도가 되었다.

= [나는] + [안도가 되었다] + 왜냐하면 + [나는] + [없었다] + 실수가 + 첫 날인데
　　S　　　　　　V　　　　　　　　　　　　 S　　　　V

❶ 나는 +
안도가 되었다

= I felt relieved

- relieve : 안도하다
- feel relieved : 안도하게 되다, 느끼다

ⓒ 왜냐하면

= because

❷ 나는 + 없었다

= I hadn't made
- make a mistake : 실수하다

- 실수가

= any mistakes

- 첫 날인데

= on my first day

I felt relieved because I hadn't made any mistakes on my first day. [문장2개]

044

5단계 미션클리어

※ 한글 문답을 보고 시간 내에 영어로 말해보기.(20초)

Korean ver.

9월 13일 월요일 바람

인턴 합격했다는 통지를 받은 것은 지난 주 목요일이었다.

드디어 오늘 내 생애 첫 출근 날이다.

오전에는 서류 복사하고 팩스를 보내면서 시간을 보냈다.

점심시간에는 컴퓨터를 켜고 이메일도 확인했다.

첫 날인데 실수가 없었던 것 같아 안도가 되었다.

English ver.

Monday, September 13th windy

It was last Thursday when I received the call that I passed the internship interview.

Today is finally my first day of going to work.

In the morning, I spent the time making copies of documents and sending faxes.

During lunchtime, I turned on my computer and also checked my email.

I felt relieved because I hadn't made any mistakes on my first day.

오늘의
생활 영어 미션 (44)

9월 23일 목요일 안개

오늘은 중요한 팀 회의가 있다.

나는 미리 회의실을 우리 팀 이름으로 예약했다.

회의 자료를 복사하고 발표도 준비했다.

난 회의 동안 발표도 하고 피드백을 받고 상사들과 의견도 교류했다.

많이 긴장했지만 많이 배운 하루였다.

※ 동사는 밑줄로 표시하기.

1. 오늘은 중요한 팀 회의가 있다. (1개)

2. 나는 미리 회의실을 우리 팀 이름으로 예약했다. (1개)

3. 회의 자료를 복사하고 발표도 준비했다. (2개)

4. 난 회의 동안 발표도 하고 피드백을 받고 상사들과 의견도 교류했다. (3개)

5. 많이 긴장했지만 많이 배운 하루였다. (2개)

해답

1. 오늘은 중요한 팀 회의가 <u>있다</u>. (1개)

2. 나는 미리 회의실을 우리 팀 이름으로 <u>예약했다</u>. (1개)

3. 회의 자료를 <u>복사하고</u> 발표도 <u>준비했다</u>. (2개)

4. 난 회의 동안 발표도 <u>하고</u> 피드백을 <u>받고</u> 상사들과 의견도 <u>교류했다</u>. (3개)

5. 많이 <u>긴장했지만</u> 많이 <u>배운</u> 하루였다. (2개)

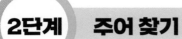

2단계 ｜ 주어 찾기

※ 주어를 있는대로 찾아보기(숨어있는 주어 포함).

1. 오늘은 중요한 팀 회의가 <u>있다</u>. (1개)

주어

2. 나는 미리 회의실을 우리 팀 이름으로 <u>예약했다</u>. (1개)

주어

3. 회의 자료를 <u>복사하고</u> 발표도 <u>준비했다</u>. (2개)

주어

4. 난 회의 동안 발표도 <u>하고</u> 피드백을 <u>받고</u> 상사들과 의견도 <u>교류했다</u>. (3개)

주어

5. 많이 <u>긴장했지만</u> 많이 <u>배운</u> 하루였다. (2개)

주어

해답

1. 오늘은 (중요한 팀 회의가) <u>있다</u>. (1개)
2. (나는) 미리 회의실을 우리 팀 이름으로 <u>예약했다</u>. (1개)
3. <나는> 회의 자료를 <u>복사하고</u> <나는> 발표도 <u>준비했다</u>. (2개)
4. (난) 발표도 <u>하고</u> <나는> 피드백을 <u>받고</u> <나는> 상사들과 의견도 <u>교류했다</u>. (3개)
5. <나는> 많이 <u>긴장했지만</u> <나는> 많이 <u>배운</u> 하루였다. (2개)

• 주어 : ( ), 숨은 주어 : < >

※ 보기를 이용해 문장을 완성하고, 문장의 구조 파악하기.

1. 오늘은 중요한 팀 회의가 있다.

= [　　　] + [　　　] + 오늘은
　　　S　　　　　V

2. 나는 미리 회의실을 우리 팀 이름으로 예약했다.

= [　　　] + [　　　] + 회의실을 + 우리 팀 이름으로 + 미리
　　　S　　　　　V

3. 회의 자료를 복사하고 발표도 준비했다.

= [　　　] + [　　　] + 회의 자료를 + 그리고 + [　　　] + [　　　] + 발표도
　　　S　　　　　V　　　　　　　　　　　　　　　　　S　　　　　V

4. 난 발표도 하고 피드백을 받고 상사들과 의견도 교류했다.

= [　　　] + [　　　] + 발표도 + 그리고 + [　　　] + [　　　] + 피드백을 + 그리고 + [　　　]
　　　S　　　　　V　　　　　　　　　　　　　S　　　　　V　　　　　　　　　　　　　　　　　S

+ [　　　] + 의견도 + 상사들과
　　　V

5. 많이 긴장했지만 많이 배운 하루였다.

= ~했음에도 + [　　　] + [　　　] + 많이 긴장한 + [　　　] + [　　　] + 많이 + 오늘
　　　　　　　　S　　　　　V　　　　　　　　　　　　S　　　　　V

보기

S　　I / an important team meeting

V　　exchanged / prepared for / delivered / There is / made copies / reserved /
　　　was / received / learned

※ 어휘를 활용해서 문장 완성하기.

1. 오늘은 중요한 팀 회의가 있다.

= [중요한 팀 회의가] + [있다] + 오늘은
      S   V

❶ 중요한 팀 회의가 + 있다

> **= There is an important team meeting**
> - '있다'의 의미이므로 'there is/are~' 문형을 사용한다.
> - team meeting : 팀 회의

- 오늘은

> **= today**
> - 부사로서, 문장 앞이나, 뒤에 주로 배치한다.

어순 정리　**There is an important team meeting today.** [문장1개]

2. 나는 미리 회의실을 우리 팀 이름으로 예약했다.

= [나는] + [예약했다] + 회의실을 + 우리 팀 이름으로 + 미리
   S   V

❶ 나는 + 예약했다

> **= I reserved**
> - reserve : 숙소, 자리 등을 잡다
> **주의** 보통 회화에서는 make a reservation이나 book을 주로 사용하기도 한다.

- 회의실을

> **= a conference room**
> - conference : 회의, 회담, 학회

050

- 우리 팀 이름으로

> = under our team's name
> - under ~ : ~의 아래에, ~으로
>
> **참고** 위치상으로 '아래'라는 의미도 있지만, '어떤 상황이나 상태 아래에 놓여있다'라는 의미일 때도 상당히 많이 사용되는 표현이니 알아두자.
> - under my name : 내 이름으로
> - under construction : 공사 중(공사상태에 놓인)
> - under control : 통제 하에(통제하에 놓인)

- 미리

> = in advance

어순 정리 **I reserved a conference room under our team's name in advance.** [문장1개]

3. 회의 자료를 복사하고 발표도 준비했다.

= [나는] + [복사했다] + 회의 자료를 + 그리고 + [나는] + [준비했다] + 발표도
　　　S　　　　V　　　　　　　　　　　　　　　　　S　　　　V

❶ 나는 + 복사했다

> = I made copies
> - make a copy : 복사하다
> - make copies of ~ : 여러 장을 복사하다

- 회의 자료를

> = of materials for the meeting
> - material : 재료, 자료

ⓒ 그리고

> = and

❷ 나는 + 준비했다

= I prepared for
- prepare for ~ : ~를 준비하다

- 발표도

= my presentation
- '발표도'라고 '~도'라는 의미가 있으므로 명사에 붙일 수는 없고 'also', 'too' 등의 의미로 문장 안에 표현한다.
- also : 주로 일반 동사 앞이나 be동사 뒤에 위치
- too : 주로 문장 맨 끝에 위치

= 동사 병렬 구조

= I made ~ and (I) prepared~

어순 정리 **I made copies of materials for the meeting, and also prepared for my presentation.** [문장2개]

4. 난 발표도 하고 피드백을 받고 상사들과 의견도 교류했다.

= [나는] + [했다] + 발표도 + 그리고 + [나는] + [받았다] + 피드백을 + 그리고 + [나
  S   V   S   V
는] + [교류했다] + 의견도 + 상사들과
        V

❶ 나는 + 했다

= I delivered
- deliver : 배달하다, 연설이나 강연을 하다
- deliver my presentation : 발표하다

- 발표도

= my presentation

ⓒ 그리고

= and

❷ 나는 + 받았다

· 피드백을

= I received

= feedback
 · feedback : 어떤 사안에 대한 의견이나 정보를 다시 주는 것

ⓒ 그리고

= and

❸ 나는 + 교류했다

· 의견도

· 상사들과

= I exchanged
 · exchange : 교환하다, 주고 받다, 교류하다

= opinions

= with my superiors
 · superior : (형용사) 우수한, 우월한
                   (명사) 위사람, 선배, 상관
 = 동사 병렬 구조
 = I delivered ~ ,(and I) received, and (I) exchanged~
 = A, B and C

여순 정리 **I delivered my presentation, received feedback, and exchanged opinions with my superiors.** [문장3개]

5. 많이 긴장했지만 많이 배운 하루였다.

= ~했음에도 + [나는] + [~했다] + 많이 긴장한 + [나는] + [배웠다] + 많이 + 오늘
           S   V   S   V

ⓒ **~했음에도**

> = Though
> - although = though : 그럼에도 불구하고, ~했음에도

❶ **나는 + ~했다**　　= I was

- 많이 긴장한　　= really nervous

❷ **나는 + 배웠다**　　= I learned

- 많이　　= a lot
- 오늘　　= today

(어순 정리) **Though I was really nervous, I learned a lot to-day.** [문장2개]

※ 한글 문답을 보고 시간 내에 영어로 말해보기.(20초)

Korean ver.

9월 23일 목요일 안개

오늘은 중요한 팀 회의가 있다.

나는 미리 회의실을 우리 팀 이름으로 예약했다.

회의 자료를 복사하고 발표도 준비했다.

난 회의 동안 발표도 하고 피드백을 받고 상사들과 의견도 교류했다.

많이 긴장했지만 많이 배운 하루였다.

English ver.

Thursday, September 23rd foggy

There is an important team meeting today.

I reserved a conference room under our team's name in advance.

I made copies of materials for the meeting, and also prepared for my presentation.

I delivered my presentation, received feedback, and exchanged opinions with my superiors.

Though I was really nervous, I learned a lot today.

오늘의
생활 영어 미션 ㊺

10월 6일 수요일 쌀쌀함

아직 10월인데 요즘도 날씨가 제법 쌀쌀하다.

자주 입는 점퍼가 더러워져서 드라이를 맡기기로 했다.

오늘 일이 끝나자마자 단골 세탁소에 점퍼를 가지고 갔다.

중요한 약속이 있는 날에는, 셔츠도 이 세탁소에 맡긴다.

빨래를 한 번에 빨고, 건조하고, 다림질까지도 해줘서 편리하다.

1단계 　동사 찾기

※ 동사는 밑줄로 표시하기.

1. 아직 10월인데 요즘도 날씨가 제법 쌀쌀하다. (2개)

2. 자주 입는 점퍼가 더러워져서 드라이를 맡기기로 했다. (3개)

3. 오늘 일이 끝나자마자 단골 세탁소에 점퍼를 가지고 갔다. (2개)

4. 중요한 약속이 있는 날에는, 셔츠도 이 세탁소에 맡긴다. (2개)

5. 빨래를 한 번에 빨고, 건조하고, 다림질까지도 해줘서 편리하다. (4개)

해답

1. 아직 10월인데 요즘도 날씨가 제법 쌀쌀<u>하다</u>. (2개)
2. 자주 <u>입는</u> 점퍼가 더러워져서 드라이를 맡기기로 했다. (3개)
3. 오늘 일이 끝나자마자 단골 세탁소에 점퍼를 가지고 갔다. (2개)
4. 중요한 약속이 <u>있는</u> 날에는, 셔츠도 이 세탁소에 <u>맡긴다</u>. (2개)
5. 빨래를 한 번에 빨고, 건조하고, 다림질까지도 해줘서 편리하다. (4개)

2단계　주어 찾기

※ 주어를 있는대로 찾아보기(숨어있는 주어 포함).

1. 아직 10월인데 요즘도 날씨가 제법 쌀쌀하다. (2개)

주어

2. 자주 입는 점퍼가 더러워져서 드라이를 맡기기로 했다. (3개)

주어

3. 오늘 일이 끝나자마자 단골 세탁소에 점퍼를 가지고 갔다. (2개)

주어

4. 중요한 약속이 있는 날에는, 셔츠도 이 세탁소에 맡긴다. (2개)

주어

5. 빨래를 한 번에 빨고, 건조하고, 다림질까지도 해줘서 편리하다. (4개)

주어

해답

1. <가주어> 아직 10월인데 요즘도 <가주어> 날씨가 제법 쌀쌀하다. (2개)
2. <내가> 자주 입는 (점퍼가) 더러워져서 <나는> 드라이를 맡기기로 했다. (3개)
3. 오늘 (일이) 끝나자마자 <나는> 단골 세탁소에 점퍼를 가지고 갔다. (2개)
4. <내가> 중요한 약속이 있는 날에는, <나는> 셔츠도 이 세탁소에 맡긴다. (2개)
5. <그들은> 빨래를 한 번에 빨고, <그들은> 건조하고, <그들은> 다림질까지도 해줘서 <가주어> 편리하다. (4개)

• 주어 : ( ), 숨은 주어 : < >

※ 보기를 이용해 문장을 완성하고, 문장의 구조 파악하기.

1. 아직 10월인데 요즘도 날씨가 제법 쌀쌀하다.

= ~임에도 + [   ] + [   ] + 아직 + 10월 + [   ] + [   ] + 제법 쌀쌀한 + 요즘도
        S   V   S   V

2. 자주 입는 점퍼가 더러워져서 드라이를 맡기기로 했다.

= [   ] + ~한 + [   ] + [   ] + 자주 + [   ] + 더러운 + 그래서 + [   ] +
   S   S   V   V   S

  [   ] + 점퍼를
   V

3. 오늘 일이 끝나자마자 단골 세탁소에 점퍼를 가지고 갔다.

= ~하자마자 + [   ] + [   ] + [   ] + [   ] + 점퍼를 + 단골 세탁소에
             S   V   S   V

4. 중요한 약속이 있는 날에는, 셔츠도 이 세탁소에 맡긴다.

= 날에는 + ~할 때 + [   ] + [   ] + 중요한 약속이 + [   ] + [   ] + 셔츠도 + 이
                  S   V   S   V

  세탁소에

5. 빨래를 한 번에 빨고, 건조하고, 다림질까지도 해줘서 편리하다.

= [   ] + [   ] + 그리고 + [   ] + [   ] + 그리고 + [   ] + [   ] + 한 번에
   S   V   S   V   S   V

  + 그래서 + [   ] + [   ] + 편리한
             S   V

보기

S   I / it / They / The jacket / work

V   ended / is / has been / have / decided to have dry-cleaned / wear / took /
    iron / drop off / wash / was getting / dry

4단계　문장 다듬기

※ 어휘를 활용해서 문장 완성하기.

1. 아직 10월인데 요즘도 날씨가 제법 쌀쌀하다.

= ~임에도 + [가주어] + [~이다] + 아직 + 10월 + [가주어] + [~하다] + 제법 쌀쌀한
　　　　　　　S　　　　　V　　　　　　　　　　　　　S　　　　　V
+ 요즘도

ⓒ **~임에도**

= Even though
- Even though = although = though : ~임에도

❶ **가주어 + ~이다**

= it is

- 아직

= still
- 부사로서 문장 안에 주로 쓰이며, 일반동사 앞이나 be동사 뒤에 쓰인다.

- 10월

= October

❷ **가주어 + ~하다**

= It has been

조의 문장 내용이 '현재 10월임에도 계속 쌀쌀하다'라는 의미이므로, 현재 기준으로 10월을 지칭한 것이고 날씨가 쌀쌀한 것은 이전부터 계속 쌀쌀해 옴을 의미하므로, 이럴 경우는 '과거부터 현재 지금 이 시간까지 계속 이어지는 상황'을 표현해 주는 것이 맞다. 그러므로, '쌀쌀해 왔다'라는 의미로 해당 문장의 동사 시제는 현재 완료 (have + p.p = 과거 한 시점부터 현재까지 계속 이어지는 상황)가 자연스럽다.

- 제법 쌀쌀한

> = **pretty chilly**
> - pretty : (형용사) 이쁜
>   (부사) 꽤, 몹시, 제법
> - chilly : 쌀쌀한, 추운, 냉랭한

- 요즘도

> = **lately**
> - 주로 동사의 완료형과 함께 하는 부사 시제로서 문장 뒤에 많이 쓰인다.

(어순 정리) **Even though it's still October, it's been pretty chilly lately.** [문장2개]

2. 자주 입는 점퍼가 더러워져서 드라이를 맡기기로 했다.

= [점퍼가] + ~한 + [내가] + [입는다] + 자주 + [~졌다] + 더러운 + 그래서 + [나는]
  S   S   V   V   S
+ [드라이를 맡기기로 했다] + 점퍼를
        V

❶ **점퍼가 + (졌다)**

> = **The jacket .... ~ (was getting)**
> - 여기서 동사 'was getting'은 주어와 동사 사이에 문장이 하나 더 들어가므로 삽입 문장이 끝나는 뒤쪽에 위치한다.

ⓒ **~한**

> = **that**
> - 앞의 명사를 수식해 주는 형용사절 관계 접속사(생략 가능)

❷ **내가 + 입는다**

> = **I wear**

• 자주	**= usually** • 부사로서 문장 안에 위치할 때는 주로 일반 동사 앞이나 be 동사 뒤에 배치한다.
❶ (점퍼가) + 졌다	**= (The jacket) .... ~ was getting** • get dirty : 더러워지다
• 더러운	**= dirty** **주의** The jacket (that I usually wear) was getting dirty : ( )은 삽입 문장
ⓒ 그래서	**= so**
❸ 나는 + 드라이를 맡기기로 했다	**= I decided to have dry-cleaned** • decided to ~ : ~하기로 하다 • have + 목적어 + dry-cleaned : 드라이 맡기다 • 여기서 'have'는 사역 동사이며, 뒤에 목적어를 수반하고 동사의 p.p형을 가지고 온다. 의미는 '목적어'가 '~되도록 시키다'라는 의미이다.
• 점퍼를	**= the jacket** • 앞의 단어 중복이므로 it으로 대체 **= it** **주의** have (the jacket) dry-cleaned = have it dry-cleaned : 점퍼를 드라이 맡기다

어순 정리 **The jacket I usually wear was getting dirty, so I decided to have it dry-cleaned.** [문장3개]

3. 오늘 일이 끝나자마자 단골 세탁소에 점퍼를 가지고 갔다.

= ~하자마자 + [일이] + [끝났다] + [나는] + [가지고 갔다] + 점퍼를 + 단골 세탁소에
         S   V   S   V

ⓒ **~하자마자**

= **As soon as**
- as soon as : (접속사) ~하자마자, ~하자 곧

❶ **일이 + 끝났다**

= **work ended**

❷ **나는 +**
가지고 갔다

= **I took**
- take + 목적어 + to '장소' : ~를 '장소'에 가지고 가다
- I took <u>my jacket</u> to the cleaner

- 점퍼를

= **my jacket**

- 단골 세탁소에

= **to the cleaners**
- cleaner : (사람) 청소부, (장소) 세탁소

〔어순 정리〕 **As soon as work ended, I took my jacket to the cleaners.** [문장2개]

4. 중요한 약속이 있는 날에는, 셔츠도 이 세탁소에 맡긴다.

= 날에는 + ~할 때 + [나는] + [~있다] + 중요한 약속이 + [나는] + [맡긴다] + 셔츠

                          S   V   S   V

도 + 이 세탁소에

· 날에는	**= On days** · 주로 '~하는 날마다'라는 의미가 있으므로 복수형태로 사용한다.
ⓒ **~할 때**	**= when** · 앞의 단어를 수식할 때 시간을 나타내는 단어가 오면 붙여준다.
❶ **나는 + ~있다**	**= I have** · have an appointment : 약속이 있다
· 중요한 약속	**= important appointments**
❷ **나는 + 맡긴다**	**= I drop off** · drop off : ~를 내려주다, 세탁물을 맡기다
· 셔츠도	**= my shirts** · '셔츠도'에서 '~도'라는 의미는 명사와 결합할 수 없으므로 'also'나 'too' 등의 의미로 문장 안에 위치 시켜준다.
· 이 세탁소에	**= there**

(어순 정리) **On days when I have important appointments, I drop
off my shirts there too.** [문장2개]

5. 빨래를 한 번에 빨고, 건조하고, 다림질까지도 해줘서 매우 편리하다.

= [그들은] + [빤다] + 그리고 + [그들은] + [건조시킨다] + 그리고 + [그들은] + [다
S   V   S   V   S
림질한다] + 빨래를 + 한 번에 + 그래서 + [가주어] + [~하다] + 매우 편리한
V   S   V

❶ 그들은 + 빤다

= **They wash**
- 여기서는 세탁소를 지칭하므로 이럴 경우 보통 영어에서는 그들 'they'라고 지칭한다.
- wash : (동사) 씻다
  (명사) 빨래, 세탁

ⓒ 그리고

= **and**

❷ 그들은 + 건조 시킨다

= **they dry**
- dry : (형용사) 마른, 건조한
  (동사) 마르다, 닦다

ⓒ 그리고

= **and**

❸ 그들은 + 다림질한다

= **they iron**
- iron : (명사) 다리미, 철
  (동사) 다리미질을 하다

- 빨래를

= **my clothes**

- 한 번에

= **at once**

- at once : 한 번에, 동시에

ⓒ 그래서

= so

❹ 가주어 + ~하다

= it is

- 매우 편리한

= very convenient
- convenient : 편리한

= 동사 병렬 구조

= They wash~, (and they) dry~, and (they) iron~

= A, B, and C

어순 정리 **They wash, dry, and iron my clothes at once, so it's very convenient.** [문장4개]

미션클리어

※ 한글 문답을 보고 시간 내에 영어로 말해보기.(20초)

10월 6일 수요일 쌀쌀함

아직 10월인데 요즘도 날씨가 제법 쌀쌀하다.

자주 입는 점퍼가 더러워져서 드라이를 맡기기로 했다.

오늘 일이 끝나자마자 단골 세탁소에 점퍼를 가지고 갔다.

중요한 약속이 있는 날에는, 셔츠도 이 세탁소에 맡긴다.

빨래를 한 번에 빨고, 건조하고, 다림질까지도 해줘서 편리하다.

Wednesday, October 6th chilly

Even though it's still October, it's been pretty chilly lately.

The jacket I usually wear was getting dirty, so I decided to have it

dry-cleaned.

As soon as work ended, I took my jacket to the cleaners.

On days when I have important appointments, I drop off my shirts there

too.

They wash, dry, and even iron my clothes at once, so it's very convenient.

오늘의
생활 영어 미션 ㊻

10월 9일 토요일 폭풍

나는 오늘 친구와 미용실에 갔다.

나는 파마를 하려고 원하는 헤어스타일을 디자이너에게 보여줬다.

헤어 디자이너가 내 머리가 많이 상했다고 했다.

그래서 나는 그냥 상한 머리를 정돈하려고 다듬기만 했다.

내 친구는 갈색으로 염색을 하고 머리 숱을 쳤다.

※ 동사는 밑줄로 표시하기.

1. 나는 오늘 친구와 미용실에 갔다.   (1개)

2. 나는 파마를 하려고 원하는 헤어스타일을 디자이너에게 보여줬다.   (3개)

3. 헤어 디자이너가 내 머리가 많이 상했다고 했다.   (2개)

4. 그래서 나는 그냥 상한 머리를 정돈하려고 다듬기만 했다.   (1개)

5. 내 친구는 갈색으로 염색을 하고 머리 숱을 쳤다.   (2개)

해답
1. 나는 오늘 친구와 미용실에 <u>갔다</u>.   (1개)
2. 나는 파마를 <u>하려고</u> <u>원하는</u> 헤어스타일을 디자이너에게 <u>보여줬다</u>.   (3개)
3. 헤어 디자이너가 내 머리가 많이 <u>상했다</u>고 <u>했다</u>.   (2개)
4. 그래서 나는 그냥 상한 머리를 정돈하려고 <u>다듬기만 했다</u>.   (1개)
5. 내 친구는 갈색으로 <u>염색을 하고</u> 머리 숱을 <u>쳤다</u>.   (2개)

2단계 주어 찾기

※ 주어를 있는대로 찾아보기(숨어있는 주어 포함).

1. 나는 오늘 친구와 미용실에 <u>갔다</u>.   (1개)

`주어`

2. 나는 파마를 <u>하려고</u> <u>원하는</u> 헤어스타일을 디자이너에게 <u>보여줬다</u>.   (3개)

`주어`

3. 헤어 디자이너가 내 머리가 많이 <u>상했다고</u> <u>했다</u>.   (2개)

`주어`

4. 그래서 나는 그냥 상한 머리를 정돈하려고 <u>다듬기만 했다</u>.   (1개)

`주어`

5. 내 친구는 갈색으로 <u>염색을 하고</u> 머리 <u>숱을 쳤다</u>.   (2개)

`주어`

해답

1. (나는) 오늘 친구와 미용실에 <u>갔다</u>.   (1개)
2. (나는) 파마를 하려고 <내가> <u>원하는</u> 헤어스타일을 <나는> 디자이너에게 <u>보여줬다</u>. (3개)
3. (헤어 디자이너가) (내 머리가) 많이 <u>상했다고</u> <u>했다</u>.   (2개)
4. (나는) 그냥 상한 머리를 <u>다듬기만 했다</u>.   (1개)
5. (내 친구는) 갈색으로 <u>염색을 하고</u> <내 친구는> 머리 <u>숱을 쳤다</u>.   (2개)

• 주어 : ( ), 숨은 주어 : < >

3단계 문장 구조 파악하기

※ 보기를 이용해 문장을 완성하고, 문장의 구조 파악하기.

1. 나는 오늘 친구와 미용실에 갔다.

= [   ] + [   ] + 미용실에 + 친구와 + 오늘
   S   V

2. 나는 파마를 하려고 원하는 헤어스타일을 디자이너에게 보여줬다.

= [   ] + [   ] + 파마를 + 그래서 + [   ] + [   ] + 디자이너에게 + 헤어스타일을
   S   V   S   V

+ ~한 + [   ] + [   ]
         S   V

3. 헤어 디자이너가 내 머리가 많이 상했다고 했다.

= [   ] + [   ] + 나에게 + ~라고 + [   ] + [   ] + 많이
   S   V   S   V

4. 그래서 나는 그냥 상한 머리를 정돈하려고 다듬기만 했다.

= 그래서 + [   ] + [   ] + 그냥 + 다듬기만 + 정돈하려고 + 상한 머리를
              S   V

5. 내 친구는 갈색으로 염색을 하고 머리 숱을 쳤다.

= [   ] + [   ] + 그녀 머리를 + 갈색으로 + 그리고 + [   ] + [   ] + 머리를
   S   V   S   V

보기

S   I / She / My friend / my hair

V   told / was damaged / wanted / got thinned / went / showed / got / dyed

※ 어휘를 활용해서 문장 완성하기.

1. 나는 오늘 친구와 미용실에 갔다.

= [나는] + [갔다] + 미용실에 + 친구와 + 오늘
  S   V

❶ **나는 + 갔다**

	= I went
· 미용실에	= to the hair salon
· 친구와	= with a friend
· 오늘	= today

어휘 정리 **I went to the hair salon with a friend today.** [문장1개]

2. 나는 파마를 하려고 원하는 헤어스타일을 디자이너에 게 보여줬다.

= [나는] + [원했다] + 파마를 + 그래서 + [나는] + [보여줬다] + 디자이너에게 + 헤
  S   V   S   V
어스타일을 + ~한 + [내가] + [원했다]
  S   V

❶ **나는 + 원했다**

	= I wanted
· 파마를	= a perm

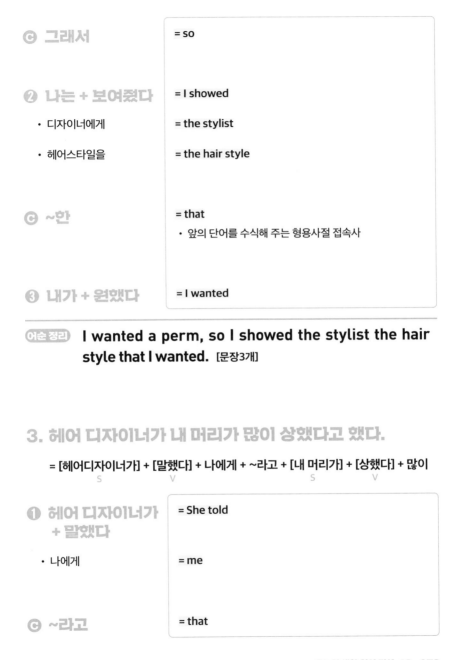

ⓒ 그래서 = so

❷ 나는 + 보여줬다 = I showed

• 디자이너에게 = the stylist

• 헤어스타일을 = the hair style

ⓒ ~한 = that
• 앞의 단어를 수식해 주는 형용사절 접속사

❸ 내가 + 원했다 = I wanted

어순 정리 **I wanted a perm, so I showed the stylist the hair style that I wanted.** [문장3개]

3. 헤어 디자이너가 내 머리가 많이 상했다고 했다.

= [헤어디자이너가] + [말했다] + 나에게 + ~라고 + [내 머리가] + [상했다] + 많이
　　　S　　　　V　　　　　　　　　　　S　　　　V

❶ 헤어 디자이너가 = She told
　 + 말했다

• 나에게 = me

ⓒ ~라고 = that

- 뒤의 문장을 명사처럼 이끄는 명사절 접속사

**❷ 내 머리가 +
상했다**

= my hair was damaged
- be damaged : 상하다, 손상 입다

- 많이

= pretty
- 여기서는 수량을 의미하는 것이 아니고 정도로서 '많이'를 의미하므로 보통 일반 회화에서 가장 많이 사용하는 'pretty' 표현을 사용한다. be동사 뒤에 위치한다.

어순 정리 **She told me that my hair was pretty damaged.**
[문장2개]

---

4. 그래서 나는 그냥 상한 머리를 정돈하려고 다듬기만 했다.

= 그래서 + [나는] + [~했다] + 그냥 + 다듬기만 + 정돈하려고 + 상한 머리를
             S   V

◎ 그래서

= so

❶ 나는 + ~했다

= I got

- 그냥

= just
- 보통 문장 안에서 일반 동사 앞에 위치한다.

- 다듬기만

= a trim
- get a trim : 다듬다
- trim : (동사) 다듬다, 손질하다 (명사) 다듬기

• 정돈하려고	**= to clean up** • clean up : 청소하다, 깨끗이 하다, 정리정돈하다 • '~하려고, ~하러' 등의 표현은 'to부정사'로 표현해 준다.
• 상한 머리를	**= the damage**

어순 정리 **So I just got a trim to clean up the damage.** [문장1개]

5. 내 친구는 갈색으로 염색을 하고 머리 술을 쳤다.

= [내 친구는] + [염색했다] + 그녀 머리를 + 갈색으로 + 그리고 + [그녀는] + [쳤다]
  　　S　　　　 V　　　　　　　　　　　　　　　　　　　　　　　S　　　　 V
+ 머리 술을

❶ 내 친구는 +
염색했다

= **My friend dyed**
• dye – dyed – dyed : 염색하다

• 그녀 머리를　　= **her hair**

• 갈색으로　　　= **brown**

ⓒ 그리고　　= **and**

❷ 그녀는 + 쳤다　= **she got thinned**
• get + 목적어 + thinned : 머리술을 치다
• 여기서 'get'은 사역 동사이며, 뒤에 목적어를 수반하고 동
　사의 p.p 형을 가지고 온다. 의미는 '목적어'가 '~되도록 시

키다'라는 의미이다.

- thin (out) : 머리 숱을 치다.
- thin : 얇은, 가는, 마른

- 머리숱을

= her hair
- 앞의 단어 중복이므로 it로 대체
= it
= 동사 병렬 구조
= My friend dyed~ and (she) got~

 My friend dyed her hair brown and got it thinned.
[문장2개]

※ 한글 문답을 보고 시간 내에 영어로 말해보기.(20초)

Korean ver.

10월 9일 토요일 폭풍

나는 오늘 친구와 미용실에 갔다.

나는 파마를 하려고 원하는 헤어스타일을 디자이너에게 보여줬다.

헤어 디자이너가 내 머리가 많이 상했다고 했다.

나는 그냥 상한 머리를 다듬기만 했다.

내 친구는 갈색으로 염색을 하고 머리 숱을 쳤다.

English ver.

Saturday, October 9th stormy

I went to the hair salon with a friend today.

I wanted a perm, so I showed the stylist the hairstyle that I wanted.

She told me that my hair was pretty damaged.

So I just got a trim to clean up the damage.

My friend dyed her hair brown and got it thinned.

오늘의
생활 영어 미션 ㉜

10월 12일 화요일 비

오늘 새로운 계좌를 개설하려고 은행에 갔다.

나는 번호표를 뽑고 내 차례를 기다렸다.

요즘 나는 온라인으로 입금, 이체, 대출도 받는다.

현금인출이 필요할 때는, 근처 24시 ATM을 이용한다.

인출할 때는 카드를 넣고 비밀번호를 입력하기만 하면 된다.

※ 동사는 밑줄로 표시하기.

1. 오늘 새로운 계좌를 개설하려고 은행에 갔다.   (1개)

2. 나는 번호표를 뽑고 내 차례를 기다렸다.   (2개)

3. 요즘 나는 온라인으로 입금, 이체, 대출도 받는다.   (3개)

4. 현금인출이 필요할 때는, 근처 24시 ATM을 이용한다.   (2개)

5. 인출할 때는 카드를 넣고 비밀번호를 입력하기만 하면 된다.   (2개)

해답

1. 오늘 새로운 계좌를 개설하려고 은행에 갔다.   (1개)
2. 나는 번호표를 뽑고 내 차례를 기다렸다.   (2개)
3. 요즘 나는 온라인으로 입금, 이체, 대출도 받는다.   (3개)
4. 현금인출이 필요할 때는, 근처 24시 ATM을 이용한다.   (2개)
5. 인출할 때는 카드를 넣고 비밀번호를 입력하기만 하면 된다.   (2개)

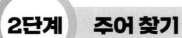

※ 주어를 있는대로 찾아보기(숨어있는 주어 포함).

1. 오늘 새로운 계좌를 개설하려고 은행에 <u>갔다</u>.   (1개)

주어

2. 나는 번호표를 뽑고 내 차례를 <u>기다렸다</u>.   (2개)

주어

3. 요즘 나는 온라인으로 <u>입금</u>, <u>이체</u>, <u>대출</u>도 받는다.   (3개)

주어

4. 현금인출이 <u>필요할</u> 때는, 근처 24시 ATM을 <u>이용한다</u>.   (2개)

주어

5. 인출할 때는 카드를 <u>넣고</u> 비밀번호를 <u>입력하기</u>만 하면 된다.   (2개)

주어

해답   1. <나는> 오늘 새로운 계좌를 개설하려고 은행에 갔다.   (1개)
2. (나는) 번호표를 뽑고 <나는> 내 차례를 기다렸다.   (2개)
3. 요즘 (나는) 온라인으로 입금, <나는>이체, <나는>대출도 받는다.   (3개)
4. <내가> 현금인출이 필요할 때는, <나는> 근처 24시 ATM을 이용한다.   (2개)
5. <나는> 인출할 때는 카드를 넣고 <나는> 비밀번호를 입력하기만 하면 된다.   (2개)

• 주어 : (   ), 숨은 주어 : <   >

※ 보기를 이용해 문장을 완성하고, 문장의 구조 파악하기.

1. 오늘 새로운 계좌를 개설하려고 은행에 갔다.

= [   ] + [   ] + 은행에 + 오늘 + 새로운 계좌를 개설하려고
  S   V

2. 나는 번호표를 뽑고 내 차례를 기다렸다.

= [   ] + [   ] + 번호표를 + 그리고 + [   ] + [   ] + 내 차례를
  S   V   S   V

3. 요즘 나는 온라인으로 입금, 이체, 대출도 받는다.

= 요즘 + [   ] + [   ] + 그리고 + [   ] + [   ] + 그리고 + [   ] + [   ] +
        S   V   S   V   S   V

대출도 + 온라인으로

4. 현금인출이 필요할 때는, 근처 24시 ATM을 이용한다.

= ~ 할 때는 + [   ] + [   ] + 현금 + [   ] + [   ] + 근처 24시 ATM
             S   V   S   V

5. 인출할 때는 카드를 넣고 비밀번호를 입력하기만 하면 된다.

= [   ] + [   ] + 카드를 + 그리고 + [   ] + [   ] + 비밀번호를 + 인출 할 때는
  S   V   S   V

S   I

V   need to withdraw / waited for / transfer / use / went / just need to put in /
    make deposits / enter / took / even receive

4단계 **문장 다듬기**

※ 어휘를 활용해서 문장 완성하기.

1. 오늘 새로운 계좌를 개설하려고 은행에 갔다.

= [나는] + [갔다] + 은행에 + 오늘 + 새로운 계좌를 개설하려고
    S   V

❶ 나는 + 갔다

	= I went
· 은행에	= to the bank
· 오늘	= today
· 새로운 계좌를 개설하려고	= to open a new account
	· open an account : 계좌를 개설하다

어순 정리 **I went to the bank today to open a new account.**
[문장1개]

2. 나는 번호표를 뽑고 내 차례를 기다렸다.

= [나는] + [뽑았다] + 번호표를 + 그리고 + [나는] + [기다렸다] + 내 차례를
    S   V   S   V

❶ 나는 + 뽑았다

	= I took
	· take a number : 번호표를 뽑다
· 번호표를	= a number

ⓒ **그리고**

= and

❷ **나는 + 기다렸다**

= I waited for

· 내 차례를

= my turn
· turn : (동사) 돌다, 돌리다
　　　　(명사) 돌리기, 차례, 순서
= 동사 병렬 구조
= I took~ and (I) waited~

어순 정리 **I took a number and waited for my turn.** [문장2개]

3. 요즘 나는 온라인으로 입금, 이체, 대출도 받는다.

= 요즘 + [나는] + [입금한다] + 그리고 + [나는] + [이체한다] + 그리고 + [나는] +
　　　　　S　　　　V　　　　　　　　　S　　　　V　　　　　　　　　　S
[받는다] + 대출도 + 온라인으로
　V

· 요즘

= These days
· 부사로서 보통 문장 앞이나 뒤에 위치한다.

❶ **나는 + 입금한다**

= I make deposits
· deposit : 보증금, 예금
· make deposit : 예금하다, 입금하다

ⓒ 그리고 | = and

❷ 나는 + 이체한다 | = I transfer
· transfer : 계좌 이체하다

ⓒ 그리고 | = and

❸ 나는 + 받는다 | = I receive
· receive loans : 대출 받다, 대부 받다

· 대출도 | = loans
· loan : 융자금, 대여

· 온라인으로 | = online

(어순 정리) **These days, I make deposits, transfer and receive loans online.** [문장3개]

4. 현금인출이 필요할 때는, 근처 24시 ATM을 이용한다.

= ~ 할 때는 + [내가] + [인출이 필요하다] + 현금 + [나는] + [이용한다] + 근처 24시
　　　　　　　S　　　　V　　　　　　　S　　　V
ATM을

ⓒ ~할 때는 | = When

① 내가 +
인출이 필요하다

= I need to withdraw
- withdraw : 철수하다, 빼내다, 인출하다

- 현금

= some cash

② 나는 + 이용한다

= I use

- 근처 24시 ATM을

= the nearby 24/7 ATM
- nearby : 인근의, 가까운 곳의
- ATM : 자동 인출기(Automated Teller Machine)

어순 정리 **When I need to withdraw some cash, I use the near-by 24/7 ATM.** [문장2개]

5. 인출할 때는 카드를 넣고 비밀번호를 입력하기만 하면 된다.

= [나는] + [넣기만 하면 된다] + 카드를 + 그리고 + [나는] + [입력하기만 하면 된다]
     S   V   S   V
+ 비밀번호를 + 인출 할 때는

① 나는 +
넣기만 하면 된다

= I just need to put in
- 문맥상 두 문장 동사 모두 '~하기만 하면 된다'라는 표현으로 생각해 주는 것이 자연스럽다.
- put in : ~에 넣다

- 카드를

= my card

ⓒ 그리고 = and

❷ 나는+입력하기만 하면된다
= I just need to enter
- 여기서 'just need to'는 중복이므로 주어 'I'와 함께 생략 가능하다.

- 비밀번호를
= my PIN
- PIN : 개인 식별 번호(Personal Identification Number)

- 인출 할 때는
= for a withdrawal
- withdraw : 인출하다
- withdrawal : 철수, 철회, 인출
= 동사 병렬 구조
= I just need to put in~ and (I) enter~

어순 정리 **I just need to put in my card and enter my PIN for a withdrawal.** [문장2개]

※ 한글 문답을 보고 시간 내에 영어로 말해보기.(20초)

Korean ver.

10월 12일 화요일 비

오늘 새로운 계좌를 개설하려고 은행에 갔다.

나는 번호표를 뽑고 내 차례를 기다렸다.

요즘 나는 온라인으로 입금, 이체, 대출도 받는다.

현금인출이 필요할 때는, 근처 24시 ATM을 이용한다.

인출할 때는 카드를 넣고 비밀번호를 입력하기만 하면 된다.

English ver.

Tuesday, October 12th rainy

I went to the bank today to open a new account.

I took a number and waited for my turn.

These days, I make deposits, transfer and even receive loans online.

When I need to withdraw some cash, I use the nearby 24/7 ATM.

I just need to put in my card and enter my PIN for a withdrawal.

오늘의
생활 영어 미션 ⑱

10월 15일 금요일 구름

나도 어제부터 춥고 콧물이 나왔다.

병원을 방문해서 진료를 받고 주사를 맞았다.

그리고 처방전을 받아 약국에서 약을 처방 받았다.

약사가 하루 3번씩 매일 식사 후에 복용하라고 했다.

하루 종일 온 몸이 욱신거렸다.

1단계 동사 찾기

※ 동사는 밑줄로 표시하기.

1. 나도 어제부터 춥고 콧물이 나왔다. (2개)

2. 병원을 방문해서 진료를 받고 주사를 맞았다. (3개)

3. 그리고 처방전을 받아 약국에서 약을 처방 받았다. (2개)

4. 약사가 하루 3번씩 매일 식사 후에 복용하라고 했다. (1개)

5. 하루 종일 온 몸이 욱신거렸다. (1개)

해답
1. 나도 어제부터 <u>춥고</u> 콧물이 <u>나왔다</u>. (2개)
2. 병원을 <u>방문해서</u> 진료를 <u>받고</u> 주사를 <u>맞았다</u>. (3개)
3. 그리고 처방전을 <u>받아</u> 약국에서 약을 <u>처방 받았다</u>. (2개)
4. 약사가 하루 3번씩 매일 식사 후에 복용하라고 <u>했다</u>. (1개)
5. 하루 종일 온 몸이 <u>욱신거렸다</u>. (1개)

※ 주어를 있는대로 찾아보기(숨어있는 주어 포함).

1. 나도 어제부터 <u>춥고</u> 콧물이 <u>나왔다</u>. (2개)

`주어`

2. 병원을 <u>방문해서</u> 진료를 <u>받고</u> 주사를 <u>맞았다</u>. (3개)

`주어`

3. 그리고 처방전을 <u>받아</u> 약국에서 약을 <u>처방 받았다</u>. (2개)

`주어`

4. 약사가 하루 3번씩 매일 식사 후에 복용하라고 <u>했다</u>. (1개)

`주어`

5. 하루 종일 온 몸이 <u>욱신거렸다</u>. (1개)

`주어`

해답

1. (나도) 어제부터 <u>춥고</u> <나는> 콧물이 나왔다. (2개)

2. <나는> 병원을 방문해서 <나는> 진료를 받고 <나는> 주사를 <u>맞았다</u>. (3개)

3. 그리고 <나는> 처방전을 받아 <나는> 약국에서 약을 <u>처방 받았다</u>. (2개)

4. (약사가) 하루 3번씩 매일 식사 후에 복용하라고 <u>했다</u>. (1개)

5. 하루 종일 (온 몸이) <u>욱신거렸다</u>. (1개)

* 주어 : ( ), 숨은 주어 : < >

3단계 문장 구조 파악하기

※ 보기를 이용해 문장을 완성하고, 문장의 구조 파악하기.

1. 나도 어제부터 춥고 콧물이 나왔다.

= 어제부터 + [   ] + [   ] + 찬기 + 그리고 + [   ] + [   ] + 콧물
                  S   V   S   V

2. 병원을 방문해서 진료를 받고 주사를 맞았다.

= [   ] + [   ] + 병원을 + 그곳에서 + [   ] + [   ] + 진료를 + 그리고 + [   ]
     S   V   S   V   S

 + [   ] + 주사를
       V

3. 그리고 처방전을 받아 약국에서 약을 처방 받았다.

= 그리고 + [   ] + [   ] + 처방전을 + 그것으로 + [   ] + [   ] + 약국에서
             S   V   S   V

4. 약사가 하루 3번씩 매일 식사 후에 복용하라고 했다.

= [   ] + [   ] + 나에게 + 복용하라고 + 하루 3번씩 + 식사 후에 + 매일
     S   V

5. 하루 종일 온 몸이 욱신거렸다.

= [   ] + [   ] + 하루 종일
     S   V

보기

S   I / The pharmacist / My whole body

V   told / filled / got / have had / visited / ached / received

4단계 **문장 다듬기**

※ 어휘를 활용해서 문장 완성하기.

1. 나도 어제부터 춥고 콧물이 나왔다.

= 어제부터 + [나는] + [~있었다] + 찬기 + 그리고 + [나는] + [~있었다] + 콧물
　　　　　 S　　 　V　　　　　 　　　　　 S　　 　 V

· 어제부터

= Since yesterday

❶ 나는 + ~있었다

= I have had
· 'since = ~이후로 쭉' 전치사가 나오면 그에 해당하는 문장
　의 동사는 완료형을 써 준다.

· 찬기

= a chill
· have a chill : 찬기가 있다, 으슬으슬 춥다

❸ 그리고

= and

❷ 나는 + ~있었다

= I have had

· 콧물

= a runny nose
· have a runny nose : 콧물이 흐르다
= 명사 병렬 구조
= I have had a chill and (I have had) a runny nose.

어순 정리 **Since yesterday, I've had a chill and a runny nose.**
[문장1개]

2. 병원을 방문해서 진료를 받고 주사를 맞았다.

= [나는] + [방문했다] + 병원을 + 그곳에서 + [나는] + [받았다] + 진료를 + 그리고
  S   V   S   V
+ [나는] + [맞았다] + 주사를
  S   V

❶ 나는 + 방문했다 | = I visited

- 병원을 | = the clinic

- 그곳에서 | = where
   - 앞에 장소를 나타내는 명사가 나올 때 뒤의 문장과 이어주기 위해 표현하는 부사 관계 접속사이다.

❷ 나는 + 받았다 | = I received
- receive treatment : 치료를 받다

- 진료를 | = treatment
   - treatment : 진료, 치료, 대우

ⓒ 그리고 | = and

❸ 나는 + 맞았다 | = I got
- get a shot : 주사를 맞다

- 주사를 | = a shot

(어순정리) **I visited the clinic, where I received treatment and I got a shot.**

> = 동사 병렬 구조
> = I received~ and (I) got a shot~

어순 정리 **I visited the clinic, where I received treatment and got a shot.** [문장3개]

3. 그리고 처방전을 받아 약국에서 약을 처방 받았다.

= 그리고 + [나는] + [받았다] + 처방전을 + 그것으로 + [나는] + [처방 받았다] + 약국
            S   V   S   V
에서

- 그리고

> = **also**
> - 접속사가 뒤에 또 올 예정이므로 접속사 갯수를 줄이기 위
>   해 'and' 대신 'also'를 써준다.

❶ 나는 + 받았다

> = **I got**

- 처방전을

> = **a prescription**

- 그것으로

> = **which**
> - 앞 문장의 명사를 꾸며줄 때 사용되는 형용사절 관계 접속
>   사로서 해석을 앞 문장부터 해주는 경우도 있다. 이럴 경우
>   는 ', which'로 표현한다.

**❷ 나는 +
처방 받았다**

> = **I filled**
> - fill a prescription : 약을 조제하다

- 약국에서

> = at the pharmacy
>
> **주의** I also got a prescription.
>
> I filled a prescription at the pharmacy.
>
> = I also got a prescription.
>
>   I filled which at the pharmacy.
>
> = I also got a prescription, which I filled at the pharmacy.
>
> 다만, 여기에서 a prescription 뒤에 ','가 오므로 해석은 앞 문장부터 순서적으로 해주어야 한다.

어순 정리 **I also got a prescription, which I filled at the pharmacy.** [문장2개]

4. 약사가 하루 3번씩 매일 식사 후에 복용하라고 했다.

= [약사가] + [말했다] + 나에게 + 복용하라고 + 하루 3번씩 + 식사 후에 + 매일
   S   V

❶ 약사가 + 말했다

> = The pharmacist told
> - pharmacist : 약사

- 나에게

> = me

- 복용하라고

> = to take
> - '~하려고, ~하라고, ~할 것을' 모두 'to부정사'의 표현으로 사용한다.
> - take : 복용하다

- 하루 3번씩

> = three doses
> - dose : 복용량, 투여량

- 식사 후에　　　　　= after each meal

- 매일　　　　　　　= everyday

어순 정리 **The pharmacist told me to take three doses after each meal everyday.** [문장1개]

5. 하루 종일 온 몸이 욱신거렸다.

= [온 몸이] + [욱신거렸다] + 하루 종일
　　 S　　　　　V

❶ 온 몸이 +
욱신거렸다

= My whole body ached
- ache : 아프다, 고통받다

- 하루 종일　　　= all day

어순 정리 **My whole body ached all day.** [문장1개]

5단계 　미션클리어

※ 한글 문답을 보고 시간 내에 영어로 말해보기.(20초)

Korean ver.

10월 15일 금요일 구름

나도 어제부터 춥고 콧물이 나왔다.

병원을 방문해서 진료를 받고 주사를 맞았다.

그리고 처방전을 받아 약국에서 약을 처방 받았다.

약사가 하루 3번씩 매일 식사 후에 복용하라고 했다.

하루 종일 온 몸이 욱신거렸다.

English ver.

Friday, October 15th cloudy

Since yesterday, I've had chills and a runny nose.

I visited the clinic, where I received treatment and got some shots.

I also got a prescription, which I filled at the pharmacy.

The pharmacist told me to take three doses after each meal everyday.

My whole body ached all day.

오늘의
생활 영어 미션 49

10월 18일 월요일 비

나는 늘 새로운 영화가 개봉하자마자 보러 간다.

이번에 재밌는 영화가 개봉했다고 하면서 친구에게 연락이 왔다.

친구가 먼저 표를 예매하고, 나는 팝콘을 샀다.

우린 핸드폰을 진동으로 바꾸고 우리 번호가 있는 자리에 앉았다.

오늘 본 영화는 생각만큼 크게 재미있는 영화는 아니었다.

※ 동사는 밑줄로 표시하기.

1. 나는 늘 새로운 영화가 개봉하자마자 보러 간다. (2개)

2. 이번에 재밌는 영화가 개봉했다고 하면서 친구에게 연락이 왔다. (3개)

3. 친구가 먼저 표를 예매하고, 나는 팝콘을 샀다. (2개)

4. 우린 핸드폰을 진동으로 바꾸고 우리 번호가 있는 자리에 앉았다. (2개)

5. 오늘 본 영화는 생각만큼 크게 재미있는 영화는 아니었다. (3개)

해답

1. 나는 늘 새로운 영화가 <u>개봉하자마자</u> <u>보러 간다</u>. (2개)

2. 이번에 재밌는 영화가 <u>개봉했다고</u> <u>하면서</u> 친구에게 연락이 <u>왔다</u>. (3개)

3. 친구가 먼저 표를 <u>예매하고</u>, 나는 팝콘을 <u>샀다</u>. (2개)

4. 우린 핸드폰을 진동으로 <u>바꾸고</u> 우리 번호가 있는 자리에 <u>앉았다</u>. (2개)

5. 오늘 <u>본</u> 영화는 <u>생각만큼</u> 크게 재미있는 영화는 <u>아니었다</u>. (3개)

※ 주어를 있는대로 찾아보기(숨어있는 주어 포함).

1. 나는 늘 새로운 영화가 <u>개봉하자마자</u> <u>보러 간다</u>.   (2개)

`주어`

2. 이번에 재밌는 영화가 <u>개봉했다고</u> <u>하면서</u> 친구에게 <u>연락이 왔다</u>.   (3개)

`주어`

3. 친구가 먼저 표를 <u>예매하고</u>, 나는 팝콘을 <u>샀다</u>.   (2개)

`주어`

4. 우린 핸드폰을 진동으로 <u>바꾸고</u> 우리 번호가 있는 자리에 <u>앉았다</u>.   (2개)

`주어`

5. 오늘 <u>본</u> 영화는 <u>생각만큼</u> 크게 재미있는 영화는 <u>아니었다</u>.   (3개)

`주어`

해답

1. (나는) 늘 새로운 (영화가) 개봉하자마자 <u>보러 간다</u>.   (2개)
2. 이번에 (재밌는 영화가) 개봉했다고 <친구가> 하면서 (친구에게) 연락이 왔다.   (3개)
3. (친구가) 먼저 표를 예매하고, (나는) 팝콘을 샀다.   (2개)
4. (우린) 핸드폰을 진동으로 바꾸고 <우리는>우리 번호가 있는 자리에 앉았다.   (2개)
5. <내가> 오늘 <u>본</u> 영화는 <내가> <u>생각만큼</u> 크게 재미있는 (영화는) 아니었다.   (3개)

• 주어 : (   ), 숨은 주어 : <   >

3단계 — 문장 구조 파악하기

※ 보기를 이용해 문장을 완성하고, 문장의 구조 파악하기.

1. 나는 늘 새로운 영화가 개봉하자마자 보러 간다.

= [   ] + [   ] + 늘 + 새로운 영화를 + ~하자마자 + [   ] + [   ]
    S   V   S   V

2. 이번에 재밌는 영화가 개봉했다고 하면서 친구에게 연락이 왔다.

= [   ] + [   ] + 나에게 + 이번에 + ~하면서 + [   ] + [   ] + ~를 + [   ] +
    S   V   S   V   S

[   ] + 영화관에서
  V

3. 친구가 먼저 표를 예매하고, 나는 팝콘을 샀다.

= [   ] + [   ] + 표를 + 먼저 + 그리고 + [   ] + [   ] + 팝콘을
    S   V   S   V

4. 우린 핸드폰을 진동으로 바꾸고 우리 번호가 있는 자리에 앉았다.

= [   ] + [   ] + 우리 핸드폰을 + 진동으로 + 그리고 + [   ] + [   ] + 우리 번호
    S   V   S   V

가 있는 자리에

5. 오늘 본 영화는 생각만큼 크게 재미있는 영화는 아니었다.

= [   ] + [   ] + [   ] + 오늘 + [   ] + ~만큼 크게 재미있는 + [   ] +
    S   S   V   V   S

[   ]
  V

보기

> S   I / He / My friend / We / they / what
>
> V   was expecting / sat down / bought / had started playing / go see / contact-
> ed / said / premiere / switched / saw / wasn't

※ 어휘를 활용해서 문장 완성하기.

1. 나는 늘 새로운 영화가 개봉하자마자 보러 간다.

= [나는] + [보러 간다] + 늘 + 새로운 영화를 + ~하자마자 + [영화가] + [개봉하다]
　　S　　　　V　　　　　　　　　　　　　　　　　　　　　　　　　S　　　　V

❶ 나는 + 보러 간다 = I go see

- 늘 = always
  - 주로 일반 동사 앞에 위치한다.

- 새로운 영화를 = new movies

ⓒ ~하자마자 = as soon as

❷ 영화가 + 개봉하다 = they premiere
- premiere : 개봉하다, 초연하다

어순정리 **I always go see new movies as soon as they premiere.** [문장2개]

2. 이번에 재밌는 영화가 개봉했다고 하면서 친구에게 연락이 왔다.

= [내 친구가] + [연락했다] + 나에게 + 이번에 + ~하면서 + [내 친구가] + [말했다]
   S   V   S   V

+ ~를 + [좋은 영화가] + [개봉했다] + 영화관에서
        S   V

❶ 내 친구가 + 연락했다	= My friend contacted • contact : 연락하다, 접촉하다
• 나에게	= me
• 이번에	= recently
ⓒ ~하면서	= as
❷ 내 친구가 + 말했다	= he said
ⓒ ~를	= that
❸ 좋은 영화가 + 개봉했다	= a good movie had started playing
• 영화관에서	= in theatres

어순정리 **My friend contacted me recently, as he said that a good movie had started playing in theatres.**

부사 의미의 접속사(as)가 들어간 문장은 주어와 동사를 변형시켜서 구문으로 바꿀 수 있다. 앞 문장의 주어 'my friend'와 뒷 문장의 주어 'he'는 중복이므로 뒤 문장의 주어는 생략 가능하고, 동사 시제가 같은 과거형이므로 '동사원형 + ing'를 붙여준다.

'as he said that~ → as saying that~'

= 여기서 마찬가지로 접속사 'as' 또한 생략을 해도 문장의 의미상 큰 문제가 없기 때문에 생략할 수 있다.

'as saying that~ → saying that~'

어순 정리 **My friend contacted me recently, saying that a good movie had started playing in theatres.** [문장2개]

3. 친구가 먼저 표를 예매하고, 나는 팝콘을 샀다.

= [친구가] + [예매했다] + 표를 + 먼저 + 그리고 + [나는] + [샀다] + 팝콘을
　　　S　　　　V　　　　　　　　　　　　　　　　S　　　V

❶ 친구가 + 예매했다　　= He bought

· 표를　　= the tickets

· 먼저　　= in advance

ⓒ 그리고　　= and

❷ 나는 + 샀다　　= I bought

· 팝콘을　　= the popcorn

He bought the tickets in advance, and I bought the popcorn. [문장2개]

4. 우린 핸드폰을 진동으로 바꾸고 우리 번호가 있는 자리에 앉았다.

= [우리는] + [바꿨다] + 우리 핸드폰을 + 진동으로 + 그리고 + [우리는] + [앉았다]
  S   V   S   V
+ 우리 번호가 있는 자리에

❶ 우리는 + 바꿨다

= We switched

• 우리 핸드폰을

= our phones

• 진동으로

= to vibrate
  • switch A to ~ : A를 ~하게 바꾸다
  • vibrate : 진동하다, 떨리다

ⓒ 그리고

= and

❷ 우리는 + 앉았다

= we sat down

• 우리 번호가 있는 자리에

= in our numbered seats
  • numbered : 번호가 붙은
= 동사 병렬 구조
= We switched~ and (we) sat down~

We switched our phones to vibrate, and sat down in our numbered seats. [문장2개]

5. 오늘 본 영화는 생각만큼 크게 재미있는 영화는 아니었다.

= [영화는] + [내가] + [보았다] + 오늘 + [아니었다] + ~만큼 크게 재미있는 + [내가] + [생각했다]

❶ 영화는 +
[아니 었다]

= What .... (wasn't)
- 위의 문맥 흐름상 영화라는 단어가 반복되기에 반복된 단어는 생략한다. 그럼 'that' 정도가 적당하지만, 뒤에 이끄는 문장의 요소가 되기 때문에 '영화 + that'의 형태가 돼서 'what'으로 바꿀 수 있다.
- The movie that I saw~ → What I saw

❷ 내가 + 보았다

= I saw

- 오늘

= today

❶ [영화는] +
아니 었다

(What) .... wasn't

- ~만큼 크게 재미있는

= as good as
- 비교급 중에서 원급 : as + 형용사 원급 + as ~
- ~ 만큼 '형용사 원급'하다

❸ 내가 + 생각했다

= I was expecting
- 여기서는 단순히 생각했다 'think'보다는 '기대했다'의 'expect' 표현을 사용하는 것이 더 자연스럽다.

[어순 정리] What I saw today wasn't as good as I was expecting. [문장3개]

5단계 미션클리어

※ 한글 문답을 보고 시간 내에 영어로 말해보기.(20초)

Korean ver.

10월 18일 월요일 비

나는 늘 새로운 영화가 개봉하자마자 보러 간다.

이번에 재밌는 영화가 개봉했다고 하면서 친구에게 연락이 왔다.

친구가 먼저 표를 예매하고, 나는 팝콘을 샀다.

우린 핸드폰을 진동으로 바꾸고 우리 번호가 있는 자리에 앉았다.

오늘 본 영화는 생각만큼 크게 재미있는 영화는 아니었다.

English ver.

Monday, October 18th rainy

I always go see new movies as soon as they premiere.

My friend contacted me recently, saying that a good movie had started playing in theatres.

He bought the tickets in advance, and I bought the popcorn.

We switched our phones to vibrate, and sat down in our numbered seats.

What I saw today wasn't as good as I was expecting.

오늘의
생활 영어 미션 ⑤0

10월 23일 토요일 비

이번 주말엔 약속도 없고 해서 혼자 미술관에 다녀왔다.

미리 안내 책자를 보고 현장에서 표를 사려고 줄을 섰다.

출입구에서 가디건과 가방은 보관소에 맡겼다.

음성 안내 가이드가 있어서 전시 중인 작품을 제대로 감상할 수 있

었다.

기념품 가게도 있었는데, 별로 살만한 걸 찾지 못했다.

1단계 동사 찾기

※ 동사는 밑줄로 표시하기.

1. 이번 주말엔 약속도 없고 해서 혼자 미술관에 다녀왔다. (2개)

2. 미리 안내 책자를 보고 현장에서 표를 사려고 줄을 섰다. (2개)

3. 출입구에서 가디건과 가방은 보관소에 맡겼다. (1개)

4. 음성 안내 가이드가 있어서 전시 중인 작품을 제대로 감상할 수 있었다. (2개)

5. 기념품 가게도 있었는데, 별로 살만한 걸 찾지 못했다. (3개)

해답

1. 이번 주말엔 약속도 <u>없고</u> 해서 혼자 미술관에 <u>다녀왔다</u>. (2개)

2. 미리 안내 책자를 <u>보고</u> 현장에서 표를 사려고 줄을 <u>섰다</u>. (2개)

3. 출입구에서 가디건과 가방은 보관소에 <u>맡겼다</u>. (1개)

4. 음성 안내 가이드가 <u>있어서</u> 전시 중인 작품을 제대로 <u>감상할</u> 수 있었다. (2개)

5. 기념품 가게도 <u>있었는데</u>, 별로 <u>살만한</u> 걸 찾지 <u>못했다</u>. (3개)

※ 주어를 있는대로 찾아보기(숨어있는 주어 포함).

1. 이번 주말엔 약속도 <u>없고</u> 해서 혼자 미술관에 <u>다녀왔다</u>. 　　　(2개)

주어

2. 미리 안내 책자를 <u>보고</u> 현장에서 표를 사려고 줄을 <u>섰다</u>. 　　　(2개)

주어

3. 출입구에서 가디건과 가방은 보관소에 <u>맡겼다</u>. 　　　(1개)

주어

4. 음성 안내 가이드가 <u>있어서</u> 전시 중인 작품을 제대로 <u>감상할 수 있었다</u>. 　　　(2개)

주어

5. 기념품 가게도 <u>있었는데</u>, 별로 <u>살만한</u> 걸 찾지 <u>못했다</u>. 　　　(3개)

주어

해답

1. <나는> 이번 주말엔 약속도 <u>없고</u> 해서 <나는> 혼자 미술관에 다녀왔다. 　　(2개)
2. <나는> 미리 안내 책자를 <u>보고</u> <나는> 현장에서 표를 사려고 줄을 <u>섰다</u>. 　　(2개)
3. <나는> 출입구에서 가디건과 가방은 보관소에 <u>맡겼다</u>. 　　(1개)
4. (음성 안내 가이드가) <u>있어서</u> <나는> 전시 중인 작품을 제대로 <u>감상할 수 있었다</u>. 　　(2개)
5. (기념품 가게도) <u>있었는데</u>, <내가> 별로 <u>살만한</u> (걸) 찾지 <u>못했다</u>. 　　(3개)

* 주어 : ( ), 숨은 주어 : < >

※ 보기를 이용해 문장을 완성하고, 문장의 구조 파악하기.

1. 이번 주말엔 약속도 없고 해서 혼자 미술관에 다녀왔다.

= ~ 때문에 + [　　　] + [　　　　] + 다른 약속이 + [　　　] + [　　　　] + 미술관에 + 혼자서 +
　　　　　　　　 S 　　　　 V 　　　　　　　　　　　　 S 　　　　 V

　이번 주말엔

2. 미리 안내 책자를 보고 현장에서 표를 사려고 줄을 섰다.

= [　　　] + [　　　　] + 안내책자를 + ~전에 + [　　　] + [　　　　] + 줄을 + 표를 사려고
　　 S 　　　　 V 　　　　　　　　　　　　　　 S 　　　　 V

3. 출입구에서 가디건과 가방은 보관소에 맡겼다.

= 출입구에서 + [　　　] + [　　　　] + 가디건과 가방은 + 보관소에
　　　　　　　　 S 　　　　 V

4. 음성 안내 가이드가 있어서 전시 중인 작품을 제대로 감상할 수 있었다.

= [　　　] + [　　　　] + 그래서 + [　　　] + [　　　　] + 제대로 + 작품을 + 전시 중인
　　 S 　　　　 V 　　　　　　　　 S 　　　　 V

5. 기념품 가게도 있었는데, 별로 살만한 걸 찾지 못했다.

= [　　　] + [　　　　] + 또한 + 그러나 + [　　　] + [　　　　] + 별로 + 걸 + ~한 + [　　　] +
　　 S 　　　　 V 　　　　　　　　　　　　 S 　　　　 V 　　　　　　　　　　　 S

　[　　　]
　　 V

보기

S　　I / a gift shop / an audio guide

V　　wanted to buy / was able to appreciate / had no / left / had a look at / visited / stood / There was / didn't see

4단계   문장 다듬기

※ 어휘를 활용해서 문장 완성하기.

1. 이번 주말엔 약속도 없고 해서 혼자 미술관에 다녀왔다.

= ~ 때문에 + [나는] + [없다] + 다른 약속이 + [나는] + [다녀왔다] + 미술관에 + 혼
　　　　　　 S　　　V　　　　　　　　　 S　　　 V
자서 + 이번 주말엔

ⓒ **~ 때문에**

= Because

❶ **나는 + ~없다**

= I had no ~
- '없다'의 의미라 'don't have'가 적당하지만, 'have no~'의
  형태로 표현해 주어도 관계없다.

- 다른 약속이

= other plans
- other : 그 외의, 그 밖의 다른
- 주의 'different'와 구별할 것.

❷ **나는 + 다녀왔다**

= I visited

- 미술관에

= an art museum

- 혼자서

= by myself
- by myself : 혼자서
- for myself : 혼자 힘으로, 내 힘으로

- 이번 주말엔

= this weekend

어순 정리 **Because I had no other plans, I visited an art museum by myself this weekend.**

문장을 더 줄여보자

부사 의미의 접속사(because)가 들어간 문장은 주어와 동사를 변형시켜서 구문으로 바꿀 수 있다. 앞 문장의 주어 'I'와 뒷 문장의 주어 'I'는 중복이므로 앞 문장(종속절)의 주어는 생략 가능하고, 동사 시제가 같은 과거형이므로 '동사원형 + ing'를 붙여준다.

Because I had no~

→ Because had no~

→ Because having no~

여기서 마찬가지로 접속사 'because' 또한 생략을 해도 문장의 의미상 큰 문제가 없기 때문에 생략할 수 있다.

because having no~

→ having no~'

어순 정리 **Having no other plans, I visited an art museum by myself this weekend.** [문장1개]

2. 미리 안내 책자를 보고 현장에서 표를 사려고 줄을 섰다.

= [나는] + [보았다] + 안내책자를 + ~전에 + [나는] + [섰다] + 줄을 + 표를 사려고
　　S　　　V　　　　　　　　　　　　　　S　　　V

❶ **나는 + 보았다**

= I had a look at
• have a look at~ : 한 번 흘깃 보다

• 안내 책자를

= the guide booklet

• guide : 안내
• booklet : 작은 책자, 소책자

ⓒ ~전에

= before

❷ 나는 + 섰다

= I stood
• stand - stood - stood : 서다

• 줄을

= in line
• stand in line : 줄서다

• 표를 사려고

= to buy tickets
• '~하려고, ~하기 위하여' 등의 의미는 'to + 부정사' 형태로 사용한다.

(어순 정리) **I had a look at the guide booklet before I stood in line to buy tickets.**

문장을 더 줄여보자

부사 의미의 접속사(before)가 들어간 문장은 주어와 동사를 변형시켜서 구문으로 바꿀 수 있다. 앞 문장의 주어 'I'와 뒷 문장의 주어 'I'는 중복이므로 뒤 문장(종속절)의 주어는 생략 가능하고, 동사 시제가 같은 과거형이므로 '동사원형 + ing'를 붙여준다.

Before I stand ~
→ Before standing ~

(어순 정리) **I had a look at the guide booklet before standing in line to buy tickets.** [문장1개]

3. 출입구에서 가디건과 가방은 보관소에 맡겼다.

= 출입구에서 + [나는] + [맡겼다] + 가디건과 가방은 + 보관소에
                   S   V

- 출입구에서

= At the door

❶ **나는 + 맡겼다**

= I left

- 가디건과 가방은

= my cardigan and bag
- cardigan : (옷 위에 걸치는) 가디건

- 보관소에

= in the storage room
- storage : 저장, 보관, 저장소

(어순 정리) **At the door, I left my cardigan and bag in the storage room.** [문장1개]

4. 음성 안내 가이드가 있어서 전시 중인 작품을 제대로 감상할 수 있었다.

= [음성 안내 가이드가] + [있었다] + 그래서 + [나는] + [감상할 수 있었다] + 제대
      S   V   S   V
로 + 작품을 + 전시 중인

❶ **음성 안내 가이드가 + 있었다**

= There was an audio guide
- '있다'라는 표현이므로 'there is/was'를 사용한다.
- audio guide : 음성 안내

ⓒ **그래서**

= so

❷ **나는 + 감상할 수 있었다**

= I was able to appreciate
- be able to~ : ~할 수 있다
- appreciate : 진가를 알아보다, 감사하다
- appreciate the work : 작품을 감상하다

- 제대로

= properly
- properly : 제대로, 적절히
- 문장 뒤에 위치하는 것이 맞지만, 뒤의 단어처럼 명사 'the work'를 수식해 주는 구문 'on display' 등이 올 경우에는 같이 뒤에 배열하기가 부자연스럽다. 이럴 때는 강조하고자 하는 단어 앞에 위치해 준다.
- was able to : 제대로 감상할 수 있었다
- properly appreciate the work

- 작품을

= the work
- work : (동사) 일하다, 작업하다
    (명사) 일터, 직장, 작업, 작품, 노동

- 전시 중인

= on display

어순 정리 **There was an audio guide, so I was able to properly appreciate the work on display.** [문장2개]

5. 기념품 가게도 있었는데, 별로 살만한 걸 찾지 못했다.

= [기념품 가게가] + [있었다] + 또한 + 그러나 + [나는] + [찾지 못했다] + 별로 + 걸
    S   V   S   V
+ ~한 + [내가] + [살만 했다]
         S   V

❶ 기념품 가게가 + 있었다

= **There was a gift shop**
- '있다'라는 표현이므로 'there is/was'를 사용한다.
- a gift shop : 기념품 가게

- 또한

= **also**
- 문장 안에 배치할 때는 주로 be 동사 뒤에 쓴다.

ⓒ 그러나

= **but**

❷ 나는 + 찾지 못했다

= **I didn't see**

- 별로

= **really**
- 부정형과 함께 쓰므로 반대의미의 부사를 사용하면 된다. 주로 일반 동사 앞에 위치한다.
- 별로 = 진짜로

- 걸

= **anything**
- '~한 걸'이라는 의미에서 일종의 대명사의 역할을 한다.

주의 원래는 '아무것도 찾지 못했다'라는 의미에서 'nothing' 이 적당하지만, 일반적으로 영어 문장에서 부정 표현은 앞에 사용해 주는 것이 좋다. 부정 문장이므로 앞에서 동사에 'did not see'라는 표현을 썼으므로, 'not ~ nothing'은 맞지가 않 다. 따라서 이럴 경우 'not ~ anything'이 어울리며 이 문장에 서는 'anything' 표현이 자연스럽다.

- ~한

> = that
> - 앞 문장의 명사를 꾸며줄 때 사용되는 형용사절 관계 접속사이다. (생략 가능하다)

❸ 내가 +
살 만 했다

> = I wanted to buy

(어순 정리) **There was also a gift shop, but I didn't really see anything I wanted to buy.** [문장3개]

Korean ver.

10월 23일 토요일 비

이번 주말엔 약속도 없고 해서 혼자 미술관에 다녀왔다.

미리 안내 책자를 보고 현장에서 표를 사려고 줄을 섰다.

출입구에서 가디건과 가방은 보관소에 맡겼다.

음성 안내 가이드가 있어서 전시 중인 작품을 제대로 감상할 수 있었다.

기념품 가게도 있었는데, 별로 살만한 걸 찾지 못했다.

English ver.

Saturday, October 23rd rainy

Having no other plans, I visited an art museum by myself this weekend.

I had a look at the guide booklet before standing in line to buy tickets.

At the door, I left my cardigan and bag in the storage room.

There was an audio guide, so I was able to properly appreciate the works on display.

There was also a gift shop, but I didn't really see anything I wanted to buy.

오늘의
생활 영어 미션 ⑤①

10월 30일 토요일 맑음

나는 주말에 남자친구와 캠핑장에 갔다.

우리는 필요한 장비를 챙기고 근처 가까운 마트에 가서 장을 봤다.

도착하자마자 우리는 텐트를 치고, 바비큐를 준비했다.

저녁에는 벌레가 많아서 우리는 모기장을 설치했다.

밤에 야외에서 보는 별빛은 정말 너무 아름다웠다.

1단계 동사 찾기

※ 동사는 밑줄로 표시하기.

1. 나는 주말에 남자친구와 캠핑장에 갔다. (1개)

2. 우리는 필요한 장비를 챙기고 근처 가까운 마트에 가서 장을 봤다. (3개)

3. 도착하자마자 우리는 텐트를 치고, 바비큐를 준비했다. (3개)

4. 저녁에는 벌레가 많아서 우리는 모기장을 설치했다. (2개)

5. 밤에 야외에서 보는 별빛은 정말 너무 아름다웠다. (2개)

해답

1. 나는 주말에 남자친구와 캠핑장에 <u>갔다</u>. (1개)
2. 우리는 <u>필요한</u> 장비를 <u>챙기고</u> 근처 <u>가까운</u> 마트에 <u>가서</u> 장을 <u>봤다</u>. (3개)
3. <u>도착하자마자</u> 우리는 텐트를 <u>치고</u>, 바비큐를 <u>준비했다</u>. (3개)
4. 저녁에는 벌레가 <u>많아서</u> 우리는 모기장을 <u>설치했다</u>. (2개)
5. 밤에 야외에서 <u>보는</u> 별빛은 정말 너무 <u>아름다웠다</u>. (2개)

※ 주어를 있는대로 찾아보기(숨어있는 주어 포함).

1. 나는 주말에 남자친구와 캠핑장에 <u>갔다</u>.   (1개)

`주어`

2. 우리는 필요한 장비를 <u>챙기고</u> 근처 가까운 마트에 가서 장을 <u>봤다</u>.   (3개)

`주어`

3. <u>도착하자마자</u> 우리는 텐트를 <u>치고</u>, 바비큐를 <u>준비했다</u>.   (3개)

`주어`

4. 저녁에는 벌레가 <u>많아서</u> 우리는 모기장을 <u>설치했다</u>.   (2개)

`주어`

5. 밤에 야외에서 <u>보는</u> 별빛은 정말 너무 <u>아름다웠다</u>.   (2개)

`주어`

해답

1. (나는) 주말에 남자친구와 캠핑장에 <u>갔다</u>.   (1개)
2. (우리는) 필요한 <우리는> 장비를 <u>챙기고</u> <우리는> 근처 가까운 마트에 가서 장을 <u>봤다</u>.(3개)
3. <우리는> <u>도착하자마자</u> (우리는) 텐트를 <u>치고</u>, <우리는> 바비큐를 <u>준비했다</u>.   (3개)
4. 저녁에는 (벌레가) <u>많아서</u> (우리는) 모기장을 <u>설치했다</u>.   (2개)
5. <우리가> 밤에 야외에서 <u>보는</u> (별빛은) 정말 너무 <u>아름다웠다</u>.   (2개)

• 주어 : ( ), 숨은 주어 : < >

3단계 문장 구조 파악하기

※ 보기를 이용해 문장을 완성하고, 문장의 구조 파악하기.

1. 나는 주말에 남자친구와 캠핑장에 갔다.

= [   ] + [   ] + 캠핑장에 + 남자친구와 + 주말에
    S   V

2. 우리는 필요한 장비를 챙기고 근처 가까운 마트에 가서 장을 봤다.

= [   ] + [   ] + 장비를 + ~한 + [   ] + [   ] + 그리고 + [   ] + [   ] +
  S   V   S   V   S   V

근처 가까운 마트에

3. 도착하자마자 우리는 텐트를 치고, 바비큐를 준비했다.

= [   ] + [   ] + 텐트를 + ~하자마자 + [   ] + [   ] + 그리고 + [   ] +
  S   V   S   V   S

[   ] + 바베큐를
 V

4. 저녁에는 벌레가 많아서 우리는 모기장을 설치했다.

= [   ] + [   ] + 저녁에는 + 그래서 + [   ] + [   ] + 모기장을
  S   V   S   V

5. 밤에 야외에서 보는 별빛은 정말 너무 아름다웠다.

= 밤에 야외에서 + [   ] + ~한 + [   ] + [   ] + [   ] + 너무 아름다운
            S   S   V   V

보기

S   I / a lot of bugs / we / the starlight

V   arrived / there were / went / packed / set up / was / needed / went shopping / could see / prepared

4단계 · 문장 다듬기

※ 어휘를 활용해서 문장 완성하기.

1. 나는 주말에 남자친구와 캠핑장에 갔다.

= [나는] + [갔다] + 캠핑장에 + 남자친구와 + 주말에
   S   V

❶ **나는 + 갔다**

	= I went
· 캠핑장에	= to the campground
· 남자친구와	= with my boyfriend
· 주말에	= this weekend

어순 정리 **I went to the campground with my boyfriend this weekend.** [문장1개]

2. 우리는 필요한 장비를 챙기고 근처 가까운 마트에 가서 장을 봤다.

= [우리는] + [챙겼다] + 장비를 + ~한 + [우리가] + [필요했다] + 그리고 + [우리는]
   S   V   S   V   S
+ [장을 봤다] + 근처 가까운 마트에
   V

❶ **우리는 + 챙겼다**

= We packed
· '챙기다'라는 의미가 여기서는 캠핑에 필요한 '장비 짐을 싸

다'라는 의미로 봐야 한다. 그래서 'pack'이라는 표현이 자연스럽다.

· 장비를　　　　　　　= the equipment

ⓒ ~한　　　　　　　= that
· 앞에 명사가 나올 때 뒤의 문장과 이어주기 위해 표현하는 형용사 관계 접속사이다.

❷ 우리가 +
필요했다　　　　　= we needed

ⓒ 그리고　　　　　　= and

❸ 우리는 +
장을 봤다　　　　　= we went shopping

· 근처 가까운 마트에　= at a store nearby
· nearby : 인근의, 가까운 곳의

(어순 정리) **We packed the equipment we needed, and we went shopping at a store nearby.**

문장을 더 줄여보자　　= 동사 병렬 구조
　　　　　　　　　　　= We packed~ and (we) went~

(어순 정리) **We packed the equipment we needed, and went shopping at a store nearby.** [문장3개]

3. 도착하자마자 우리는 텐트를 치고, 바비큐를 준비했다.

= [우리는] + [쳤다] + 텐트를 + ~하자마자 + [우리는] + [도착했다] + 그리고 + [우
　　 S　　　 V　　　　　　　　　　　　　　 S　　　　 V
리는] + [준비했다] + 바비큐를
　 S　　　　 V

❶ 우리는 + 쳤다

= We set up
- set up : ~을 설치하다, ~을 세우다

- 텐트를

= the tent

ⓒ ~하자마자

= as soon as

**❷ 우리는 +
도착했다**

= we arrived

ⓒ 그리고

= and

**❸ 우리는 +
준비했다**

= we prepared

- 바비큐를

= the barbecue

(어순정리) **We set up the tent as soon as
we arrived, and we prepared the bar-
becue.**

\# 문장을 더 줄여보자

= 동사 병렬 구조

어순 정리 **We set up the tent as soon as we arrived, and prepared the barbecue.** [문장3개]

4. 저녁에는 벌레가 많아서 우리는 모기장을 설치했다.

= [많은 벌레가] + [있었다] + 저녁에는 + 그래서 + [우리는] + [설치했다] + 모기장을
　　　　S　　　　V　　　　　　　　　　　　　　S　　　　　V

❶ 많은 벌레가 + 있었다

= There were a lot of bugs
- '있다'의 표현이므로 'there is/are' 표현을 쓴다.

- 저녁에는

= in the evening

ⓒ 그래서

= so

❷ 우리는 + 설치했다

= we set up

- 모기장을

= a mosquito net

어순 정리 **There were a lot of bugs in the evening, so we set up a mosquito net.** [문장2개]

5. 밤에 야외에서 보는 별빛은 정말 너무 아름다웠다.

= 밤에 야외에서 + [별빛은] + ~한 + [우리가] + [볼 수 있었다] + [~웠다] + 너무 아
　　　　　　　　S　　　　　　　S　　　　　　V　　　　　　V

름다운

- 밤에 야외에서

  = Outdoors at night
  - outdoors : (부사) 옥외에서, (명사) 전원

❶ 별빛은 + [~웠다]　　= the starlight ...... (was)

ⓒ ~한

  = that
  - 앞의 명사를 수식해 주는 형용사절 관계 접속사(생략 가능)

❷ 우리가 +　　　　= we could see
　볼 수 있었다

❶ [별빛은] + ~웠다　= (the starlight) ...... was

- 너무 아름다운　　= so beautiful

(어순 정리) **Outdoors at night, the starlight we could see was so beautiful.** [문장2개]

5단계　미션클리어

※ 한글 문답을 보고 시간 내에 영어로 말해보기.(20초)

10월 30일 토요일 맑음

나는 주말에 남자친구와 캠핑장에 갔다.

우리는 필요한 장비를 챙기고 근처 가까운 마트에 가서 장을 봤다.

도착하자마자 우리는 텐트를 치고, 바비큐를 준비했다.

저녁에는 벌레가 많아서 우리는 모기장을 설치했다.

밤에 야외에서 보는 별빛은 정말 너무 아름다웠다.

Saturday, October 30th clear

I went to the campground with my boyfriend this weekend.

We packed the equipment we needed, and went shopping at a store nearby.

We set up the tent as soon as we arrived, and prepared the barbecue.

There were a lot of bugs in the evening, so we set up a mosquito net.

Outdoors at night, the starlight we could see was so beautiful.

오늘의
생활 영어 미션 ⑤②

11월 5일 금요일 쾌청

가장 친한 친구가 이번에 결혼을 한다.

그래서 우린 브라이덜샤워를 하기로 했다.

우린 드레스를 입고, 파티룸을 꾸몄다.

맛있는 음식과 디저트를 준비해서 밤새 놀았다.

내 친구가 결혼 한다는 게 정말 믿기지가 않는다.

※ 동사는 밑줄로 표시하기.

1. 가장 친한 친구가 이번에 결혼을 한다. (1개)

2. 그래서 우린 브라이덜 샤워를 하기로 했다. (1개)

3. 우린 드레스를 입고, 파티룸을 꾸몄다. (2개)

4. 맛있는 음식과 디저트를 준비해서 밤새 놀았다. (2개)

5. 내 친구가 결혼 한다는 게 정말 믿기지가 않는다. (2개)

해답

1. 가장 친한 친구가 이번에 <u>결혼을 한다</u>. (1개)
2. 그래서 우린 브라이덜 샤워를 <u>하기로 했다</u>. (1개)
3. 우린 드레스를 <u>입고</u>, 파티룸을 <u>꾸몄다</u>. (2개)
4. 맛있는 음식과 디저트를 <u>준비해서</u> 밤새 <u>놀았다</u>. (2개)
5. 내 친구가 <u>결혼 한다</u>는 게 정말 <u>믿기지가 않는다</u>. (2개)

2단계   주어 찾기

※ 주어를 있는대로 찾아보기(숨어있는 주어 포함).

1. 가장 친한 친구가 이번에 <u>결혼을 한다</u>.   (1개)

주어

2. 그래서 우린 브라이덜 샤워를 <u>하기로 했다</u>.   (1개)

주어

3. 우린 드레스를 <u>입고</u>, 파티룸을 <u>꾸몄다</u>.   (2개)

주어

4. 맛있는 음식과 디저트를 <u>준비해서</u> 밤새 <u>놀았다</u>.   (2개)

주어

5. 내 친구가 <u>결혼 한다</u>는 게 정말 믿기지가 <u>않는다</u>.   (2개)

주어

해답

1. (가장 친한 친구가) 이번에 <u>결혼을 한다</u>.   (1개)
2. 그래서 (우린) 브라이덜 샤워를 <u>하기로 했다</u>.   (1개)
3. (우린) 드레스를 <u>입고</u>, <우리는> 파티룸을 <u>꾸몄다</u>.   (2개)
4. <우리는> 맛있는 음식과 디저트를 <u>준비해서</u> <우리는> 밤새 <u>놀았다</u>. (2개)
5. (내 친구가) <u>결혼 한다</u>는 게 <나는> 정말 <u>믿기지가 않는다</u>. (2개)

• 주어 : ( ), 숨은 주어 : < >

※ 보기를 이용해 문장을 완성하고, 문장의 구조 파악하기.

1. 가장 친한 친구가 이번에 결혼을 한다.

= [   ] + [   ] + 이번에
    S   V

2. 그래서 우린 브라이덜 샤워를 하기로 했다.

= 그래서 + [   ] + [   ] + 브라이덜 샤워를
        S   V

3. 우린 드레스를 입고, 파티룸을 꾸몄다.

= [   ] + [   ] + 드레스를 + 그리고 + [   ] + [   ] + 파티룸을
   S   V   S   V

4. 맛있는 음식과 디저트를 준비해서 밤새 놀았다.

= ~해서 + [   ] + [   ] + 맛있는 음식과 디저트를 + [   ] + [   ] + 밤새
       S   V   S   V

5. 내 친구가 결혼 한다는 게 정말 믿기지가 않는다.

= [   ] + [   ] + 정말 + ~를 + [   ] + [   ]
   S   V   S   V

보기

S   I / We / My best friend

V   decorated / can't believe / put on / is getting married / partied / decided to throw / had prepared

4단계 ― 문장 다듬기

※ 어휘를 활용해서 문장 완성하기.

1. 가장 친한 친구가 이번에 결혼을 한다.

= [가장 친한 친구가] + [결혼을 한다] + 이번에
      S   V

❶ 가장 친한 친구가 + 결혼을 한다

= My best friend is getting married
- get married : 결혼하다

주의 'be + ~ing' 현재 진행형이 진행의 의미도 있지만, '가까운 미래' 시제의 의미도 있다. 따라서 '결혼을 하고 있는 중이다'라고 해석하면 어색하며, 이럴 경우는 '결혼을 할 예정이다, 결혼을 하려고 한다'라고 해석해 주는 것이 맞다.

- 이번에

= soon

어순 정리 **My best friend is getting married soon.** [문장1개]

2. 그래서 우린 브라이덜 샤워를 하기로 했다.

= 그래서 + [우리는] + [~하기로 했다] + 브라이덜 샤워를
               S   V

Ⓒ 그래서

= So

❶ 우리는 + ~하기로 했다

= we decided to throw
- throw : 개최하다, 주최하다, 열다

- 브라이덜 샤워를

> = a bridal shower
> - 여자 친구들이 결혼 직전의 여성에게 줄 선물을 갖고 모이는 축하 파티

어순 정리 **So we decided to throw a bridal shower.** [문장1개]

3. 우린 드레스를 입고, 파티룸을 꾸몄다.

= [우리는] + [입었다] + 드레스를 + 그리고 + [우리는] + [꾸몄다] + 파티 룸을
  S   V   S   V

❶ 우리는 + 입었다

= We put on

- 드레스를

= dresses

ⓒ 그리고

= and

❷ 우리는 + 꾸몄다

= we decorated
- decorate : 장식하다, 꾸미다

- 파티 룸을

= a party room

어순 정리 **We put on dresses and we decorated a party room.**

\# 문장을 더 줄여보자

=동사 병렬 구조
= We put on~ and (we) decorated~

We put on dresses and decorated a party room.

[문장2개]

4. 맛있는 음식과 디저트를 준비해서 밤새 놀았다.

= ~해서 + [우리는] + [준비했다] + 맛있는 음식과 디저트를 + [우리는] + [놀았다] +
            S   V   S   V
밤새

© **~해서**

= As
- as : (접속사) ~해서, ~하면서

❶ **우리는 +
준비했다**

= we had prepared

- 맛있는 음식과 디저트를

= delicious food and desserts

❷ **우리는 + 놀았다**

= we partied

- 밤새

= all through the night
- through : ~을 통해, 관통해서, 처음부터 끝까지

As we had prepared delicious food and desserts, we partied all through the night.

부사 의미의 접속사(as)가 들어간 문장은 주어와 동사를 변형시켜서 구문으로 바꿀 수 있다. 앞 문장의 주어 'we'와 뒷 문장의 주어 'we'는 중복이므로 앞 문장(종속절)의 주어는 생략 가능하고, 여기서 주의 할 것이 앞 문장과 뒷 문장의 동사 시제가 다르다. 이럴 경우는 앞 문장의 'had + p.p' 동사를 살려서 'having p.p'로 표현하는 것이 자연스럽다.

as we had prepared~

→ as had prepared~

→ as having prepared~

여기에서 앞의 접속사 'as'를 생략해도 의미가 통하므로 그냥 생략해 준다.

as having prepared~

→ Having prepared~

어순 정리 **Having prepared delicious food and desserts, we partied all through the night.** [문장1개]

5. 내 친구가 결혼 한다는 게 정말 믿기지가 않는다.

= [나는] + [믿기지가 않는다] + 정말 + ~를 + [내 친구가] + [결혼을 한다]
   S   V   S   V

❶ 나는 +
믿기지가 않는다

= I can't believe

· 정말

= really
· 보통 be 동사 뒤나 일반 동사 앞에 위치한다.

ⓒ ~를

= that
· 문장 뒤를 명사 의미로 이끄는 명사절 접속사로 생략 가능

❷ 내 친구가 +
   결혼을 한다

하다.

= she's getting married
- 'my friend' 단어는 중복이므로, 대명사 'she'로 대체한다.

(어순 정리) **I really can't believe she's getting married.** [문장2개]

5단계 미션클리어

※ 한글 문답을 보고 시간 내에 영어로 말해보기.(20초)

Korean ver.

11월 5일 금요일 쾌청

가장 친한 친구가 이번에 결혼을 한다.

그래서 우린 브라이덜샤워를 하기로 했다.

우린 드레스를 입고, 파티룸을 꾸몄다.

맛있는 음식과 디저트를 준비해서 밤새 놀았다.

내 친구가 결혼 한다는 게 정말 믿기지가 않는다.

English ver.

Friday, November 5th sunny

My best friend is getting married soon.

So we decided to throw a bridal shower.

We put on dresses and decorated a party room.

Having prepared delicious food and desserts, we partied all through the night.

I really can't believe she's getting married.

오늘의
생활 영어 미션 ⑤③

11월 7일 일요일 바람

오늘은 친구가 결혼하는 날이다.

결혼식에는 일가친척들이 다 모였다.

신랑과 신부는 손님을 맞이해주었다.

오랜만에 보는 얼굴들도 있었다.

우린 결혼식이 끝나고 뒤풀이 시간을 가졌다.

※ 동사는 밑줄로 표시하기.

1. 오늘은 친구가 결혼하는 날이다.　　　　　　　　　　　　　　　　　　(1개)

2. 결혼식에는 일가친척들이 다 모였다.　　　　　　　　　　　　　　　　(1개)

3. 신랑과 신부는 손님을 맞이해주었다.　　　　　　　　　　　　　　　　(1개)

4. 오랜만에 보는 얼굴들도 있었다.　　　　　　　　　　　　　　　　　　(2개)

5. 결혼식이 끝나고 우린 뒤풀이 시간을 가졌다.　　　　　　　　　　　　(2개)

해답

1. 오늘은 친구가 결혼하는 날이다.　　　　　　　　　　　　　　　　　　(1개)
2. 결혼식에는 일가친척들이 다 모였다.　　　　　　　　　　　　　　　　(1개)
3. 신랑과 신부는 손님을 맞이해주었다.　　　　　　　　　　　　　　　　(1개)
4. 오랜만에 보는 얼굴들도 있었다.　　　　　　　　　　　　　　　　　　(2개)
5. 결혼식이 끝나고 우린 뒤풀이 시간을 가졌다.　　　　　　　　　　　　(2개)

※ 주어를 있는대로 찾아보기(숨어있는 주어 포함).

1. 오늘은 친구가 결혼하는 날<u>이다</u>.   (1개)

`주어`

2. 결혼식에는 일가친척들이 다 <u>모였다</u>.   (1개)

`주어`

3. 신랑과 신부는 손님을 <u>맞이해주었다</u>.   (1개)

`주어`

4. 오랜만에 <u>보는</u> 얼굴들도 <u>있었다</u>.   (2개)

`주어`

5. 결혼식이 <u>끝나고</u> 우린 뒤풀이 시간을 <u>가졌다</u>.   (2개)

`주어`

문장 구조 파악하기

※ 보기를 이용해 문장을 완성하고, 문장의 구조 파악하기.

1. 오늘은 친구가 결혼하는 날이다.

= [   ] + [   ] + 친구가 결혼하는 날
     S   V

2. 결혼식에는 일가친척들이 다 모였다.

= [   ] + [   ] + 다 + 결혼식에는
     S   V

3. 신랑과 신부는 손님을 맞이해주었다.

= [   ] + [   ] + 손님을
     S   V

4. 오랜만에 보는 얼굴들도 있었다.

= [   ] + [   ] + ~한 + [   ] + [   ] + 오랜만에
     S   V   S   V

5. 결혼식이 끝나고 우린 뒤풀이 시간을 가졌다.

= ~한 후에 + [   ] + [   ] + [   ] + [   ] + 뒤풀이 시간을
              S   V   S   V

보기

S   I / faces / we / The entire family / the wedding / The bride and groom / Today

V   welcomed / is / there were / gathered / ended / hadn't seen / threw

※ 어휘를 활용해서 문장 완성하기.

1. 오늘은 친구가 결혼하는 날이다.

= [오늘은] + [~이다] + 친구가 결혼하는 날
   S   V

➊ 오늘은 + ~이다

	= Today is~
· 친구가 결혼하는 날	= my friend's wedding day

(어순 정리) **Today is my friend's wedding day.** [문장1개]

2. 결혼식에는 일가친척들이 다 모였다.

= [일가친척들이] + [모였다] + 다 + 결혼식에는
    S   V

➊ 일가친척들이 +
모였다

	= The family gathered
· 다	= entire · entire : 전체의, 온, 전부 · 주로 형용사로 쓰이므로 앞의 명사를 수식해 주는 것이 자연스럽다.
· 결혼식에는	= for the wedding

(어순 정리) **The entire family gathered for the wedding.** [문장1개]

3. 신랑과 신부는 손님을 맞이해주었다.

= [신랑과 신부는] + [맞이해주었다] + 손님을
      S   V

**❶ 신랑과 신부는 +
맞이해주었다**

> = The bride and groom welcomed

- 손님을

> = the guests

(어순 정리) **The bride and groom welcomed the guests.** [문장1개]

4. 오랜만에 보는 얼굴들도 있었다.

= [얼굴들도] + [있었다] + ~한 + [내가] + [보지 못했다] + 오래 동안
    S   V   S   V

**❶ 얼굴들도 +
있었다**

> = There were faces
> - '있다'의 의미이므로 'there is/are'로 표현한다.

ⓒ ~한

> = that
> - 앞의 명사를 수식해 주는 형용사절 관계 접속사(생략 가능)

**❷ 내가 +
보지 못했다**

> = I hadn't seen

- 오래 동안

> = for a long time

(어순 정리) **There were faces I hadn't seen for a long time.** [문장2개]

5. 결혼식이 끝나고 우린 뒤풀이 시간을 가졌다.

= ~한 후에 + [결혼식이] + [끝났다] + [우리는] + [가졌다] + 뒤풀이 시간을
               S   V   S   V

ⓒ ~한 후에   = After

❶ 결혼식이 + 끝났다   = the wedding ended

❷ 우리는 + 가졌다   = we threw
- throw a party : 파티를 열다, 파티를 개최하다

- 뒤풀이 시간을   = an after party

어순 정리　**After the wedding ended, we threw an after party.** [문장2개]

5단계   미션클리어

※ 한글 문답을 보고 시간 내에 영어로 말해보기.(20초)

(Korean ver.)

11월 7일 일요일 바람

오늘은 친구가 결혼하는 날이다.

결혼식에는 일가친척들이 다 모였다.

신랑과 신부는 손님을 맞이해주었다.

오랜만에 보는 얼굴들도 있었다.

결혼식이 끝나고 우린 뒤풀이 시간을 가졌다.

(English ver.)

Sunday, November 7th windy

Today is my friend's wedding day.

The entire family gathered for the wedding.

The bride and groom welcomed the guests.

There were faces I hadn't seen for a long time.

After the wedding ended, we threw an after party.

오늘의
생활 영어 미션 ⑤④

11월 15일 월요일 맑음

오늘은 우리 아빠의 생신이다.

온 가족이 오늘 서프라이즈 생일 파티를 열기로 했다.

나는 케이크를 가져오고, 엄마는 선물을 사고, 동생은 카드를 썼다.

처음에는 아빠가 조금 놀라셨지만 곧 너무 좋아하셨다.

우리 가족은 음식을 맛있게 먹으며 즐거운 시간을 보냈다.

1단계 동사 찾기

※ 동사는 밑줄로 표시하기.

1. 오늘은 우리 아빠의 생신이다. (1개)

2. 온 가족이 오늘 서프라이즈 생일 파티를 열기로 했다. (1개)

3. 나는 케이크를 가져오고, 엄마는 선물을 사고, 동생은 카드를 썼다. (3개)

4. 처음에는 아빠가 조금 놀라셨지만 곧 너무 좋아하셨다. (2개)

5. 우리 가족은 음식을 맛있게 먹으며 즐거운 시간을 보냈다. (2개)

해답

1. 오늘은 우리 아빠의 생신이다. (1개)
2. 온 가족이 오늘 서프라이즈 생일 파티를 열기로 했다. (1개)
3. 나는 케이크를 가져오고, 엄마는 선물을 사고, 동생은 카드를 썼다. (3개)
4. 처음에는 아빠가 조금 놀라셨지만 곧 너무 좋아하셨다. (2개)
5. 우리 가족은 음식을 맛있게 먹으며 즐거운 시간을 보냈다. (2개)

2단계 주어 찾기

※ 주어를 있는대로 찾아보기(숨어있는 주어 포함).

1. 오늘은 우리 아빠의 생신<u>이다</u>. (1개)

주어

2. 온 가족이 오늘 서프라이즈 생일 파티를 열기로 <u>했다</u>. (1개)

주어

3. 나는 케이크를 <u>가져오고</u>, 엄마는 선물을 <u>사고</u>, 동생은 카드를 <u>썼다</u>. (3개)

주어

4. 처음에는 아빠가 조금 <u>놀라셨지만</u> 곧 너무 <u>좋아하셨다</u>. (2개)

주어

5. 우리 가족은 음식을 맛있게 <u>먹으며</u> 즐거운 시간을 <u>보냈다</u>. (2개)

주어

해답
1. (오늘은) 우리 아빠의 생신이다. (1개)
2. (온 가족이) 오늘 서프라이즈 생일 파티를 열기로 했다. (1개)
3. (나는) 케이크를 가져오고, (엄마는) 선물을 사고, (동생은) 카드를 썼다. (3개)
4. 처음에는 (아빠가) 조금 놀라셨지만 <아빠는> 곧 너무 좋아하셨다. (2개)
5. (우리 가족은) 음식을 맛있게 먹으며 <우리는> 즐거운 시간을 보냈다. (2개)

• 주어 : ( ), 숨은 주어 : < >

150

※ 보기를 이용해 문장을 완성하고, 문장의 구조 파악하기.

1. 오늘은 우리 아빠의 생신이다.

= [   ] + [   ] + 우리 아빠의 생신
    S   V

2. 온 가족이 오늘 서프라이즈 생일 파티를 열기로 했다.

= [   ] + [   ] + 서프라이즈 생일 파티를 + 오늘
    S   V

3. 나는 케이크를 가져오고, 엄마는 선물을 사고, 동생은 카드를 썼다.

= [   ] + [   ] + 케이크를 + 그리고 + [   ] + [   ] + 선물을 + 그리고 + [   ]
    S   V   S   V   S

+ [   ] + 카드를
   V

4. 처음에는 아빠가 조금 놀라셨지만 곧 너무 좋아하셨다.

= [   ] + [   ] + 조금 + 처음에는 + 그러나 + 곧 + [   ] + [   ] + 너무
    S   V   S   V

5. 우리 가족은 음식을 맛있게 먹으며 즐거운 시간을 보냈다.

= [   ] + [   ] + 즐거운 시간을 + ~하면서 + [   ] + [   ] + 맛있는 음식을
    S   V   S   V

보기

S   I / We / Today / he / My dad / my mom / The whole family / my little brother

V   was startled / had / brought / is / got excited / wrote / ate / bought / planned to throw

4단계   문장 다듬기

※ 어휘를 활용해서 문장 완성하기.

1. 오늘은 우리 아빠의 생신이다.

= [오늘은] + [~이다] + 우리 아빠의 생신
　　S　　　　V

❶ **오늘은 + ~이다**

> = Today is
>
> = my dad's birthday

・ 우리아빠의 생신

───────────────────────────

(어순 정리) **Today is my dad's birthday.** [문장1개]

2. 온 가족이 오늘 서프라이즈 생일 파티를 열기로 했다.

= [온 가족이] + [열기로 했다] + 서프라이즈 생일 파티를 + 오늘
　　S　　　　　V

❶ **온 가족이 +**
   열기로 했다

> = The whole family planned to throw
>
> ・ throw a ~ party : ~한 파티를 열다
>
> ・ plan to ~ : ~ 하기로 하다, ~할 계획하다

・ 서프라이즈 생일 파티를

> = a surprise party

・ 오늘

> = today

───────────────────────────

(어순 정리) **The whole family planned to throw a surprise party today.** [문장1개]

3. 나는 케이크를 가져오고, 엄마는 선물을 사고, 동생은 카드를 썼다.

= [나는] + [가져왔다] + 케이크를 + 그리고 + [엄마는] + [샀다] + 선물을 + 그리고
     S   V   S   V
+ [동생은] + [썼다] + 카드를
   S   V

❶ 나는 + 가져왔다   = I brought

  · 케이크를   = the cake

ⓒ 그리고   = and

❷ 엄마는 + 샀다   = my mom bought

  · 선물을   = a present

ⓒ 그리고   = and

❸ 동생은 + 썼다   = my little brother wrote

  · 카드를   = the card

(어순 정리) **I brought the cake and my mom bought a present and my little brother wrote the card.**

문장을 더 줄여보자

> = 문장 병렬 구조
> = I brought~, (and) my mom bought and my little brother wrote~
> = A, B and C

(어순 정리) **I brought the cake, my mom bought a present and my little brother wrote the card.** [문장3개]

4. 처음에는 아빠가 조금 놀라셨지만 곧 너무 좋아하셨다.

= [아빠가] + [놀라셨다] + 조금 + 처음에는 + 그러나 + 곧 + [아빠는] + [좋아하셨
　　S　　　　　V　　　　　　　　　　　　　　　　　　　　　　　　　　　S　　　　　V
다] + 너무

❶ 아빠가 + 놀라셨다

· 조금

· 처음에는

❸ 그러나

· 곧

= **My dad was startled**
· be startled : 깜짝 놀라다

= **a bit**
· '조금 놀라다'라는 의미로 동사를 수식해 주므로 위치는 be동사 뒤에 위치시킨다.

= **at first**
· 문장 앞이나 뒤에 위치한다.

= **but**

= **then**
· then : 그 때, 그 다음에, 그러더니

**❷ 아빠는 +
좋아하셨다**

= he got excited

　• 너무

= really
　• 부사로서 일반 동사 앞에 위치한다.

어순 정리 **My dad was a bit startled at first, but then he got
really excited.** [문장 2개]

5. 우리 가족은 음식을 맛있게 먹으며 즐거운 시간을 보냈어.

= [우리 가족은] + [보냈다] + 즐거운 시간을 + ~하면서 + [우리 가족은] + [먹었다]
　　　　S　　　　V　　　　　　　　　　　　　　　S　　　　　V
+ 맛있는 음식을

**❶ 우리 가족은 +
보냈다**

= We had
　• have a great time : 즐거운 시간을 보내다

　• 즐거운 시간을

= a great time

ⓒ ~하면서

= while

**❷ 우리 가족은 +
먹었다**

= we ate

　• 맛있는 음식을

= delicious food

어순 정리 **We had a great time while we**

ate delicious food.

문장을 더 줄여보자

부사 의미의 접속사(while)가 들어간 문장은 주어와 동사를 변형시켜서 구문으로 바꿀 수 있다. 앞 문장의 주어 'we'와 뒷 문장의 주어 'we'는 중복이므로 뒤 문장(종속절)의 주어는 생략 가능하고, 동사 시제가 같은 과거형이므로 '동사원형+ing'를 붙여준다.

'while we ate~ → while eating~'

어순 정리 **We had a great time while eating delicious food.**
[문장1개]

5단계 미션클리어

※ 한글 문답을 보고 시간 내에 영어로 말해보기.(20초)

(Korean ver.)

11월 15일 월요일 맑음

오늘은 우리 아빠의 생신이다.

온 가족이 오늘 서프라이즈 생일 파티를 열기로 했다.

나는 케이크를 가져오고, 엄마는 선물을 사고, 동생은 카드를 썼다.

처음에는 아빠가 조금 놀라셨지만 곧 너무 좋아하셨다.

우리 가족은 음식을 맛있게 먹으며 즐거운 시간을 보냈다.

(English ver.)

Monday, November 15th clear

Today is my dad's birthday.

The whole family planned to throw a surprise party today.

I brought the cake, my mom bought a present and my little brother wrote
the card.

My dad was a bit startled at first, but then he got really excited.

We had a great time while eating delicious food.

오늘의
생활 영어 미션 ⑤

11월 25일 일요일 선선함

오늘은 미국에서 살다 온 친구가 그녀 집으로 초대를 했다.

오늘이 미국에서는 추수감사절이라고 했다.

한국의 추석과 같은 날이었다.

우리 6명은 모두 호박 파이뿐 아니라 친구가 구운 터키 요리도 먹으

려고 모였다.

나라마다 비슷한 명절이 있는 것이 신기했다.

※ 동사는 밑줄로 표시하기.

1. 오늘은 미국에서 살다 온 친구가 그녀 집으로 초대를 했다. (1개)

2. 오늘이 미국에서는 추수감사절이라고 했다. (2개)

3. 한국의 추석과 같은 날이었다. (1개)

4. 우리 6명은 모두 호박 파이뿐 아니라 친구가 구운 터키 요리도 먹으려고 모였다. (2개)

5. 나라마다 비슷한 명절이 있는 것이 신기했다. (2개)

해답
1. 오늘은 미국에서 살다 온 친구가 그녀 집으로 <u>초대</u>를 <u>했다</u>. (1개)
2. 오늘이 미국에서는 추수감사절이라고 <u>했다</u>. (2개)
3. 한국의 추석과 같은 날<u>이었다</u>. (1개)
4. 우리 6명은 모두 호박 파이뿐 아니라 친구가 <u>구운</u> 터키 요리도 먹으려고 <u>모였다</u>. (2개)
5. 나라마다 비슷한 명절이 <u>있는</u> 것이 <u>신기했다</u>. (2개)

※ 주어를 있는대로 찾아보기(숨어있는 주어 포함).

1. 오늘은 미국에서 살다 온 친구가 그녀 집으로 <u>초대를 했다</u>.　　　　　　(1개)

주어

2. 오늘이 미국에서는 추수감사절<u>이라고 했다</u>.　　　　　　　　　　　　(2개)

주어

3. 한국의 추석과 같은 날<u>이었다</u>.　　　　　　　　　　　　　　　　　(1개)

주어

4. 우리 6명은 모두 호박 파이뿐 아니라 친구가 <u>구운</u> 터키 요리도 먹으려고 <u>모였다</u>. (2개)

주어

5. 나라마다 비슷한 명절이 <u>있는</u> 것이 <u>신기했다</u>.　　　　　　　　　　(2개)

주어

해답
1. 오늘은 미국에서 살다 온 (친구가) 그녀 집으로 <u>초대를 했다</u>.　　　　　(1개)
2. <그녀는> (오늘이) 미국에서는 추수감사절<u>이라고 했다</u>.　　　　　　(2개)
3. <가주어> 한국의 추석과 같은 날<u>이었다</u>.　　　　　　　　　　　(1개)
4. (우리 6명은) 모두 호박 파이뿐 아니라 (친구가) <u>구운</u> 터키 요리도 먹으려고 <u>모였다</u>. (2개)
5. (나라마다) 비슷한 명절이 <u>있는</u> (것이) <u>신기했다</u>.　　　　　　　(2개)

* 주어 : ( ), 숨은 주어 : < >

※ 보기를 이용해 문장을 완성하고, 문장의 구조 파악하기.

1. 오늘은 미국에서 살다 온 친구가 그녀 집으로 초대를 했다.

= 오늘은 + [   ] + 미국에서 살다 온 + [   ] + 우리를 + 그녀 집으로
           S   V

2. 오늘이 미국에서는 추수감사절이라고 했다.

= [   ] + [   ] + 우리에게 + ~를 + [   ] + [   ] + 추수감사절 + 미국에서는
   S   V   S   V

3. 한국의 추석과 같은 날이었다.

= [   ] + [   ] + 같은 날 + 추석과 + 한국의
   S   V

4. 우리 6명은 모두 호박 파이뿐 아니라 친구가 구운 터키 요리도 먹으려고 모였다.

= [   ] + [   ] + 먹으려고 + 터키요리도 + ~한 + [   ] + [   ] + ~뿐 아니라 + 호
   S   V   S   V
박 파이

5. 나라마다 비슷한 명절이 있는 것이 신기했다.

= [   ] + ~한 + [   ] + [   ] + 비슷한 명절이 + [   ] + 신기한
   S   S   V   V

보기

S   She / It / my friend / both countries / All six of us / The fact

V   was interesting / had / told / was / baked / invited / gathered

4단계 　문장 다듬기

※ 어휘를 활용해서 문장 완성하기.

1. 오늘은 미국에서 살다 온 친구가 그녀 집으로 초대를 했다.

= 오늘은 + [친구가] + 미국에서 살다 온 + [초대를 했다] + 우리를 + 그녀 집으로
　　　　　　 S 　　　　　　　　　　　　　　　 V

- 오늘은

> = **Today**
> - 여기서는 부사로 쓰였다.

❶ **친구가 +
초대를 했다**

> = **my friend invited**
> - invite + '사람' + to '장소' : '사람'을 '장소'에 초대하다.
> - invite <u>us</u> to her house

- 미국에서 살다 온

> = **from America**
> - 문장으로 만들면 길어지므로 그냥 명사를 수식해 주는 전 치사 구문으로 표현한다.
> - my friend from America : 미국에서 살다 온 친구

- 우리를

> = **us**

- 그녀 집으로

> = **to her house**

어순 정리 **Today, my friend from America invited us to her house.** [문장1개]

2. 오늘이 미국에서는 추수감사절이라고 했다.

= [그녀가] + [말했다] + 우리에게 + ~를 + [가주어] + [~이었다] + 추수감사절 + 미
　 S 　　　 V 　　　　　　　　　　　 S 　　　 V

국에서는

❶ 그녀가 + 말했다　　　 = She told

　・ 우리에게　　　　　　 = us

© ~를　　　　　　　　 = that
　　　　　　　　　　　　・ 뒤의 문장을 명사처럼 이끄는 명사절 접속사

❷ 가주어 + ~였다　　　 = it was

　・ 추수감사절　　　　　 = Thanksgiving Day
　　　　　　　　　　　　・ Thanksgiving Day : 서양에서 유래하는 연례 명절이며,
　　　　　　　　　　　　　 한국에서는 '추수감사절'이라고 한다. 보통 11월 셋째 주 일
　　　　　　　　　　　　　 요일에 가진다.

　・ 미국에서는　　　　　 = in America

(어순 정리) **She told us that it was Thanksgiving Day in Ameri-
ca.** [문장2개]

3. 한국의 추석과 같은 날이었다.

= [가주어] + [~이었다] + 같은 날 + 추석과 + 한국의
    S   V

❶ 가주어 + ~이었다

= It was

- 같은 날

= on the same day as ~
- the same A as B : B와 같은 A
- the same day as Chuseok : 추석과 같은 날
- on : 특정 날짜 앞에는 'on'을 붙인다.

- 추석과

= Chuseok

- 한국의

= in Korea

(어순 정리) **It was on the same day as Chuseok in Korea.** [문장1개]

4. 우리 6명은 모두 호박 파이뿐 아니라 친구가 구운 터키 요리도 먹으려고 모였다.

= [우리 6명은] + [모였다] + 먹으려고 + 터키요리도 + ~한 + [친구가] + [구웠다] +
    S   V   S   V
~뿐 아니라 + 호박 파이

❶ 우리 6명은 + 모였다

= All six of us gathered
- all of us : 우리 모두

- 먹으려고

= to share
- 6명이 나누어 먹는 의미이므로 'share'가 'eat'나 'have'보다 더 적당하다.
- share : 나누어 먹다, 공유하다

	• '~하기 위하여, ~하려고'는 'to부정사'로 표현한다.
• 터키요리도	= the turkey
ⓒ ~한	= that • 앞의 명사를 수식해 주는 형용사절 관계 접속사(생략 가능)
❷ 친구가 + 구웠다	= my friend baked
• ~뿐 아니라	= as well as • A as well as B : B 뿐만 아니라 A
• 호박 파이	= the pumpkin pie

어순 정리 **All six of us gathered to share the turkey my friend baked as well as the pumpkin pie.** [문장2개]

5. 나라마다 비슷한 명절이 있는 것이 신기했다.

= [것이] + ~한 + [나라마다] + [있다] + 비슷한 명절이 + [~이었다] + 신기한
   S   S   V   V

❶ 것이 + [~이었다]	= The fact .... (was)
ⓒ ~한	= that **주의** 앞의 'fact'를 수식해 주는 것이 아니라 앞의 'fact' 라는 단어와 뒤 문장의 의미가 서로 대등한 문장, 즉 서로 동격을 이루는 특이한 문장 구성이다.

보통 이런 표현은 'The idea that~', 'The fact that~', 'The news that~' 등이 있다. 수식하는 관계가 아님을 주의한다. (생략하지 않는다)

❷ 나라마다 + 있다

= both countries had
- '있다'라고 해석이 되지만, 여기서는 두 나라가 '비슷한 명절을 가지고 있다'라는 표현이 적당하다.
- both : 양쪽, 둘 다

- 비슷한 명절이

= similar holidays

❶ (것이) + ~이었다

= (The fact) .... was

- 신기한

= interesting

(어순 정리) **The fact that both countries had similar holidays was interesting.** [문장2개]

Korean ver.

11월 25일 일요일 선선함

오늘은 미국에서 살다 온 친구가 그녀 집으로 초대를 했다.

오늘이 미국에서는 추수감사절이라고 했다.

한국의 추석과 같은 날이었다.

우리 6명은 모두 호박 파이뿐 아니라 친구가 구운 터키 요리도 먹으려고 모였다.

나라마다 비슷한 명절이 있는 것이 신기했다.

English ver.

Sunday, November 25th breezy

Today, my friend from America invited us to her house.

She told us that it was Thanksgiving Day in America.

It was on the same day as Chuseok in Korea.

All six of us gathered to share the turkey my friend baked as well as the

pumpkin pie.

The fact that both countries had similar holidays was interesting.

오늘의
생활 영어 미션 ⑤⑥

12월 2일 목요일 맑음

오늘은 과장님 댁 집들이를 하는 날이다.

우리는 집들이 선물로, 꽃과 공기청정기를 샀다.

거실에 걸려있던 가족사진이 인상 깊었다.

사모님께서 살림을 잘 하시는 듯했다.

두 분이 함께 너무 좋아 보였다.

※ 동사는 밑줄로 표시하기.

1. 오늘은 과장님 댁 집들이를 하는 날이다. (1개)

2. 우리는 집들이 선물로, 꽃과 공기청정기를 샀다. (1개)

3. 거실에 걸려있던 가족사진이 인상 깊었다. (1개)

4. 사모님께서 살림을 잘 하시는 듯했다. (1개)

5. 두 분이 함께 너무 좋아 보였다. (1개)

해답
1. 오늘은 과장님 댁 집들이를 <u>하는</u> 날이다. (1개)
2. 우리는 집들이 선물로, 꽃과 공기청정기를 <u>샀다</u>. (1개)
3. 거실에 걸려있던 가족사진이 인상 <u>깊었다</u>. (1개)
4. 사모님께서 살림을 <u>잘 하시는</u> 듯했다. (1개)
5. 두 분이 함께 너무 <u>좋아 보였다</u>. (1개)

※ 주어를 있는대로 찾아보기(숨어있는 주어 포함).

1. 오늘은 과장님 댁 집들이를 하는 날<u>이다.</u>   (1개)

`주어`

2. 우리는 집들이 선물로, 꽃과 공기청정기를 <u>샀다.</u>   (1개)

`주어`

3. 거실에 걸려있던 가족사진이 인상 <u>깊었다.</u>   (1개)

`주어`

4. 사모님께서 살림을 잘 <u>하시는 듯했다.</u>   (1개)

`주어`

5. 두 분이 함께 너무 <u>좋아 보였다.</u>   (1개)

`주어`

해답	1. (오늘은) 과장님 댁 집들이를 하는 날<u>이다.</u>	(1개)
	2. (우리는) 집들이 선물로, 꽃과 공기청정기를 <u>샀다.</u>	(1개)
	3. 거실에 걸려있던 (가족사진이) 인상 <u>깊었다.</u>	(1개)
	4. (사모님께서) 살림을 잘 <u>하시는 듯했다.</u>	(1개)
	5. (두 분이) 함께 너무 <u>좋아 보였다.</u>	(1개)

• 주어 : ( ), 숨은 주어 : < >

※ 보기를 이용해 문장을 완성하고, 문장의 구조 파악하기.

1. 오늘은 과장님 댁 집들이를 하는 날이다.

= [   ] + [   ] + 날 + 과장님 댁에 집들이 하는
     S   V

2. 우리는 집들이 선물로, 꽃과 공기청정기를 샀다.

= 집들이 선물로 + [   ] + [   ] + 꽃과 공기청정기를
               S   V

3. 거실에 걸려있던 가족사진이 인상 깊었다.

= [   ] + 걸려있던 + 거실에 + [   ] + 깊은 인상이
     S   V

4. 사모님께서 살림을 잘 하시는 듯했다.

= [   ] + [   ] + 살림을
     S   V

5. 두 분이 함께 너무 좋아 보였다.

= [   ] + [   ] + 너무 좋아 + 함께
     S   V

보기

S   The two / we / Today / My boss's wife / The family portrait

V   bought / looked / is / seemed to be taking good care of / was

※ 어휘를 활용해서 문장 완성하기.

1. 오늘은 과장님 댁 집들이를 하는 날이다.

= [오늘은] + [이다] + 날 + 과장님 댁 집들이 하는
　　　S　　　　V

❶ 오늘은 + 이다　　= Today is

• 날　　　　　　　　= the day

• 과장님 댁 집들이 하는　= of my boss's housewarming party
　　　　　　　　　　• housewarming (party) : 집들이

어순 정리 **Today is the day of my boss's housewarming party.**
　　　　[문장1개]

2. 우리는 집들이 선물로, 꽃과 공기청정기를 샀다.

= 집들이 선물로 + [우리는] + [샀다] + 꽃과 공기청정기를
　　　　　　　　　S　　　　V

• 집들이 선물로　　　= As housewarming gifts
　　　　　　　　　• as~ : ~로서

❶ 우리는 + 샀다　　= we bought

172

- 꽃과 공기 청정기를

= **flowers and air purifier**
- purifier : 정화장치
- air purifier : 공기 청정기
- water purifier : 정수기

어순 정리 As housewarming gifts, we bought flowers and an air purifier. [문장1개]

3. 거실에 걸려있던 가족사진이 인상 깊었다.

= [가족사진이] + 걸려있던 + 거실에 + [있었다] + 깊은 인상이
     S   V

❶ 가족사진이 +
있었다

= **The family portrait .... was**
- portrait : 초상화, 인물 사진
- be impressive : 인상적이다

- 걸려있던

= **hanging**
- hang : 걸다, 매달다

- 거실에

= **in the living room**

- 깊은 인상을

= **quite impressive**

어순 정리 The family portrait hanging in the living room was quite impressive. [문장1개]

4. 사모님께서 살림을 잘 하시는 듯했다.

= [사모님께서] + [잘 하시는 듯 했다] + 살림을
      S   V

❶ 사모님께서 + 잘 하시는 듯 했다

= My boss's wife seemed to be taking good care of
- seem to~ : ~처럼 보이다
- take care of~ : ~를 돌보다
- take good care of~ : ~를 잘 돌보다

- 살림을

= the house
- 집안일

(어순 정리) **My boss's wife seemed to be taking good care of the house.** [문장1개]

5. 두 분이 함께 너무 좋아 보였다.

= [두 분이] + [보였다] + 너무 좋아 + 함께
     S   V

❶ 두 분이 + 보였다

= The two looked

- 너무 좋아

= so good

- 함께

= together

(어순 정리) **The two looked so good together.** [문장1개]

5단계 미션클리어

※ 한글 문답을 보고 시간 내에 영어로 말해보기.(20초)

(Korean ver.)

12월 2일 목요일 맑음

오늘은 과장님 댁 집들이를 하는 날이다.

우리는 집들이 선물로, 꽃과 공기청정기를 샀다.

거실에 걸려있던 가족사진이 인상 깊었다.

사모님께서 살림을 잘 하시는 듯했다.

두 분이 함께 너무 좋아 보였다.

(English ver.)

Thursday, December 2nd clear

Today is the day of my boss's housewarming party.

As housewarming gifts, we bought flowers and an air purifier.

The family portrait hanging in the living room was quite impressive.

My boss's wife seemed to be taking good care of the house.

The two looked so good together.

오늘의
생활 영어 미션 ⑤⑦

12월 12일 일요일 쌀쌀함

신기하게도, 고등학교 친구가 첫 애를 출산을 했다.

나는 태어난 아가에게 줄 선물을 사서 친구 집에 갔다.

아기가 계속 울어서 친구가 너무 당황스러워 보였다.

우리는 교대로 아가를 안아주기를 했다.

그냥 이럴 때 나도 결혼하고 싶다는 생각을 한다.

※ 동사는 밑줄로 표시하기.

1. 신기하게도, 고등학교 친구가 첫 애를 출산을 했다. (1개)

2. 나는 태어난 아가에게 줄 선물을 사서 친구 집에 갔다 (2개)

3. 아기가 계속 울어서 친구가 너무 당황스러워 보였다. (2개)

4. 우리는 교대로 아가를 안아주기를 했다 (1개)

5. 그냥 이럴 때 나도 결혼하고 싶다는 생각을 한다. (1개)

해답
1. 신기하게도, 고등학교 친구가 첫 애를 출산을 했다. (1개)
2. 나는 태어난 아가에게 줄 선물을 사서 친구 집에 갔다 (2개)
3. 아기가 계속 울어서 친구가 너무 당황스러워 보였다. (2개)
4. 우리는 교대로 아가를 안아주기를 했다 (1개)
5. 그냥 이럴 때 나도 결혼하고 싶다는 생각을 한다. (1개)

※ 주어를 있는대로 찾아보기(숨어있는 주어 포함).

1. 신기하게도, 고등학교 친구가 첫 애를 <u>출산을 했다</u>. (1개)

주어

2. 나는 태어난 아가에게 줄 선물을 <u>사서</u> 친구 집에 <u>갔다</u>. (2개)

주어

3. 아기가 계속 <u>울어서</u> 친구가 너무 <u>당황스러워 보였다</u>. (2개)

주어

4. 우리는 <u>교대로</u> 아가를 안아주기를 <u>했다</u> (1개)

주어

5. 그냥 이럴 때 나도 결혼하고 <u>싶다는</u> 생각을 한다. (1개)

주어

해답
1. 신기하게도, (고등학교 친구가) 첫 애를 출산을 했다. (1개)
2. (나는) 태어난 아가에게 줄 선물을 사서 <나는> 친구 집에 갔다. (2개)
3. (아기가) 계속 울어서 (친구가) 너무 당황스러워 보였다. (2개)
4. (우리는) 교대로 아가를 안아 주기를 했다. (1개)
5. 그냥 이럴 때 (나도) 결혼하고 싶다는 생각을 한다. (1개)

• 주어 : ( ), 숨은 주어 : < >

※ 보기를 이용해 문장을 완성하고, 문장의 구조 파악하기.

1. 신기하게도, 고등학교 친구가 첫 애를 출산을 했다.

= 신기하게도 + [　　S　　] + [　　V　　] + 첫 애를

2. 나는 태어난 아가에게 줄 선물을 사서 친구 집에 갔다.

= [　　S　　] + [　　V　　] + 선물을 + 태어난 아가에게 줄 + 그리고 + [　　S　　] + [　　V　　] + 친구 집에

3. 아기가 계속 울어서 친구가 너무 당황스러워 보였다.

= [　　S　　] + [　　V　　] + 너무 + 당황스러운 + 왜냐하면 + [　　S　　] + [　　V　　]

4. 우리는 교대로 아가를 안아주기를 했다.

= [　　S　　] + [　　V　　] + 안아주기를 + 아가를

5. 그냥 이럴 때 나도 결혼하고 싶다는 생각을 한다.

= 그냥 이럴 때 + [　　S　　] + [　　V　　] + 결혼하고

보기

S	I / We / My friend / the baby
V	feel like / kept crying / had / looked / bought / took turns / went

※ 어휘를 활용해서 문장 완성하기.

1. 신기하게도, 고등학교 친구가 첫 애를 출산을 했다.

= 신기하게도 + [고등학교 친구가] + [출산을 했다] + 첫 애를

                                           S   V

- 신기하게도

  = Amazingly
  - amaze : (동사) 놀라게 하다
  - amazing : (형용사) 놀라운
  - amazingly : (부사) 놀랍게도

❶ 고등학교 친구가 + 출산을 했다

  = my friend from high school had
  - have a child : 출산을 하다
  - have first child : 첫 아이를 출산하다

- 첫 애를

  = her first child

(어순 정리) **Amazingly, my friend from high school had her first child.** [문장1개]

180

2. 나는 태어난 아가에게 줄 선물을 사서 친구 집에 갔다.

= [나는] + [샀다] + 선물을 + 태어난 아가에게 줄 + 그리고 + [나는] + [갔다] + 친구
　　S　　　V　　　　　　　　　　　　　　　　　　　　　　　　　　S　　　V
집에

❶ 나는 + 샀다

> = I bought
> **참고** '~에게 ~을 사주다'라는 표현을 할 때 동사 'buy'를 사
> 용한다. 이럴 경우 많이 혼동하는 경우가 'buy + 선물 + to 사
> 람'이라고 하기 쉬우나. 그렇게 표현하지 않고 'buy + 선물 +
> for 사람'이라고 표현한다. 즉, 'buy' 동사를 사용할 때는 대상
> 에게 'to'가 아닌 'for'를 사용함을 주의하자.
> buy a gift to 사람 (X)
> buy a gift for 사람 (O)

- 선물을　　　　　　　　= a gift

- 태어난 아기에게 줄　　= for the newborn
　　　　　　　　　　　　　　• newborn = baby : 신생아, 갓난아기

ⓒ 그리고　　　　　　= and

❷ 나는 + 갔다　　　= I went

- 친구 집에　　　　　　　= to my friend's house
　　　　　　　　　　　　　= 동사 병렬 구조
　　　　　　　　　　　　　= I bought~ and (I) went~

어순 정리 **I bought a gift for the newborn and went to my friend's house.** [문장2개]

3. 아기가 계속 울어서 친구가 너무 당황스러워 보였다.

= [친구가] + [보였다] + 너무 + 당황스러운 + 왜냐하면 + [아이가] + [계속 울었다]
    S   V   S   V

❶ 친구가 + 보였다   = My friend looked

- 너무   = really
  - 부사로서 뒤의 형용사를 수식해 주기 위해서 형용사 앞에 위치한다.

- 당황스러운   = bewildered
  - bewilder : 혼란스럽게 만들다
  - bewildered : 혼란스럽게 된
  - be bewildered : 혼란스럽다, 당황스럽다

ⓒ 왜냐하면   = because

❷ 아이가 +   = the baby kept crying
   계속 울었다
  - keep ~ing : ~을 지속하다, ~을 계속하다
  - keep crying : 계속 울다
  - keep – kept – kept

어순 정리 **My friend looked really bewildered because the baby kept crying.** [문장2개]

182

4. 우리는 교대로 아가를 안아주기를 했다.

= [우리는] + [교대로 했다] + 안아주기를 + 아가를
   S   V

❶ 우리는 +
교대로 했다

= **We took turns**
- take turns ~ing : 교대로 ~를 하다
- take turns holding the baby : 아기를 교대로 앉아 주다

- 안아주면서

= **holding**
- hold the baby : 아기를 앉다

- 아가를

= **the baby**

어순 정리 **We took turns holding the baby.** [문장1개]

5. 그냥 이럴 때 나도 결혼하고 싶다는 생각을 한다.

= 그냥 이럴 때 + [나도] + [~싶다는 생각을 한다] + 결혼하고
                  S   V

- 그냥 이럴 때

= **At a time like this**

❶ 나도 +
생각을 한다

= **I feel like ~ing**
- 생각을 한다 = ~하고 싶다
- feel like ~ing : ~하고 싶다
- '나도'에서 '또한', '~도, 역시' 등의 표현은 'also'나 'too' 등
  을 문장 위치에 맞게 사용한다.
- also : 주로 일반 동사 앞이나 be 동사 뒤에 위치한다.
- too : 주로 문장 뒤에 위치한다.

- 결혼하고

= getting married
- get married : 결혼하다
- feel like getting married : 결혼하고 싶다

- '~도'

= too

At a time like this, I feel like getting married too.
[문장1개]

5단계   미션클리어

※ 한글 문답을 보고 시간 내에 영어로 말해보기.(20초)

Korean ver.

12월 12일 일요일 쌀쌀함

신기하게도, 고등학교 친구가 첫 애를 출산을 했다.

나는 태어난 아가에게 줄 선물을 사서 친구 집에 갔다.

아기가 계속 울어서 친구가 너무 당황스러워 보였다.

우리는 교대로 아가를 안아주기를 했다.

그냥 이럴 때 나도 결혼하고 싶다는 생각을 한다.

English ver.

Sunday, December 12th chilly

Amazingly, my friend from high school had her first child.

I bought a gift for the newborn and went to my friend's house.

My friend looked really bewildered because the baby kept crying.

We took turns holding the baby.

At a time like this, I feel like getting married too.

오늘의
생활 영어 미션 ⑤⑧

12월 18일 토요일 쌀쌀함

친구 승진을 축하하기 위해서, 우리는 바비큐 파티를 열기로 했다.

친구는 우리들을 자기 집에 초대했다.

나는 일찍 도착해서 삼겹살을 미리 양념해서 랩에 싸두었다.

또 다른 친구는 함께 마실 보드카를 준비했다.

부러웠지만 우리는 모두 친구의 승진을 축하해주었다.

※ 동사는 밑줄로 표시하기.

1. 친구 승진을 축하하기 위해서, 우리는 바비큐 파티를 열기로 했다.　　　　　(1개)

2. 친구는 우리들을 자기 집에 초대했다.　　　　　(1개)

3. 나는 일찍 도착해서 삼겹살을 미리 양념해서 랩에 싸두었다.　　　　　(3개)

4. 또 다른 친구는 함께 마실 보드카를 준비했다.　　　　　(1개)

5. 부러웠지만 우리는 모두 친구의 승진을 축하해주었다.　　　　　(2개)

해답

1. 친구 승진을 축하하기 위해서, 우리는 바비큐 파티를 <u>열기로 했다</u>.　　　(1개)
2. 친구는 우리들을 자기 집에 <u>초대했다</u>.　　　(1개)
3. 나는 일찍 <u>도착해서</u> 삼겹살을 미리 <u>양념해서</u> 랩에 <u>싸두었다</u>.　　　(3개)
4. 또 다른 친구는 함께 <u>마실</u> 보드카를 <u>준비했다</u>.　　　(1개)
5. <u>부러웠지만</u> 우리는 모두 친구의 승진을 <u>축하해주었다</u>.　　　(2개)

※ 주어를 있는대로 찾아보기(숨어있는 주어 포함).

1. 친구 승진을 축하하기 위해서, 우리는 바비큐 <u>파티를 열기로 했다</u>.   (1개)

[주어]

2. 친구는 우리들을 자기 집에 <u>초대했다</u>.   (1개)

[주어]

3. 나는 일찍 <u>도착해서</u> 삼겹살을 미리 <u>양념해서</u> 랩에 <u>싸두었다</u>.   (3개)

[주어]

4. 또 다른 친구는 함께 마실 보드카를 <u>준비했다</u>.   (1개)

[주어]

5. <u>부러웠지만</u> 우리는 모두 친구의 승진을 <u>축하해주었다</u>.   (2개)

[주어]

해답

1. 친구 승진을 축하하기 위해서, (우리는) 바비큐 <u>파티를 열기로 했다</u>.   (1개)
2. (친구는) 우리들을 자기 집에 <u>초대했다</u>.   (1개)
3. (나는) 일찍 <u>도착해서</u> <나는> 삼겹살을 미리 <u>양념해서</u> <나는> 랩에 <u>싸두었다</u>.   (3개)
4. (또 다른 친구는) 함께 마실 보드카를 <u>준비했다</u>.   (1개)
5. <우리는> <u>부러웠지만</u> (우리는) 모두 친구의 승진을 <u>축하해주었다</u>.   (2개)

* 주어 : (   ), 숨은 주어 : <   >

3단계   문장 구조 파악하기

※ 보기를 이용해 문장을 완성하고, 문장의 구조 파악하기.

1. 친구 승진을 축하하기 위해서, 우리는 바비큐 파티를 열기로 했다.

= 친구 승진을 축하하기 위해서 + [   ] + [   ] + 바비큐 파티를
                                           S   V

2. 친구는 우리들을 자기 집에 초대했다.

= [   ] + [   ] + 우리들을 + 자기 집에
     S   V

3. 나는 일찍 도착해서 삼겹살을 미리 양념해서 랩에 싸두었다.

= ~한 후에 + [   ] + [   ] + 일찍 + [   ] + [   ] + 삼겹살을 + 그리고 + [   ]
                     S   V   S   V   S

    + [   ] + 삼겹살을 + 미리
        V

4. 또 다른 친구는 함께 마실 보드카를 준비했다.

= [   ] + [   ] + 보드카를 + 함께 마실
     S   V

5. 부러웠지만 우리는 모두 친구의 승진을 축하해주었다.

= ~에도 불구하고 + [   ] + [   ] + 그녀를 + [   ] + [   ] + 모두 + 친구의 승진을
                        S   V   S   V

보기

S   I / we / My friend / Another friend

V   invited / brought us / arrived / marinated / decided to throw / were jealous
of / congratulated / wrapped up

※ 어휘를 활용해서 문장 완성하기.

1. 친구 승진을 축하하기 위해서, 우리는 바비큐 파티를 열기로 했다.

= 친구 승진을 축하하기 위해서 + [우리는] + [열기로 했다] + 바비큐 파티를
　　　　　　　　　　　　　　　　　　　 S　　　　 V

- 친구 승진을 축하하기 위해서

　= To celebrate my friend's promotion
　- celebrate : 축하하다
　- promotion : 승진

❶ 우리는 +
　 열기로 했다

　= we decided to throw
　- throw a party : 파티를 개최하다

- 바비큐 파티를　= a party

(어순 정리) **To celebrate my friend's promotion, we decided to throw a party.** [문장1개]

2. 친구는 우리들을 자기 집에 초대했다.

= [친구는] + [초대했다] + 우리들을 + 자기 집에
　　 S　　　　 V

❶ 친구는 +
　 초대했다

　= My friend invited

| • 우리들을 | = us |
| • 자기 집에 | = to her house |

어순 정리 **My friend invited us to her house.** [문장1개]

3. 나는 일찍 도착해서 삼겹살을 미리 양념해서 랩에 싸두었다.

= ~한 후에 + [나는] + [도착했다] + 일찍 + [나는] + [양념했다] + 삼겹살을 + 그리
                S   V   S   V
고 + [나는] + [랩에 쌌다] + 삼겹살을 + 미리
     S   V

ⓒ ~한 후에	= After
❶ 나는 + 도착했다	= I arrived
• 일찍	= early
❷ 나는 + 양념했다	= I marinated
	• marinate : 양념장에 재워두다, 양념되다
• 삼겹살을	= the pork belly strips
	• pork : 돼지고기
	• belly : 배, 뱃살
	• strips : 가느다란 조각

ⓒ 그리고

= and

❸ 나는 + 랩에 쌌다

= I wrapped up

・ 삼겹살을

= them
・ 위의 단어와 중복이므로 대명사 'them'을 사용한다.
조의 대명사가 '동사+부사'의 목적어로 사용되면, 보통 '동사와 부사' 사이에 대명사를 위치시킨다.
wrap up them (X)
wrap them up (O)

・ 미리

= in advance

어순정리 After I arrived early, I marinated the pork belly strips and I wrapped them up in advance.

어순정리 After arriving early, I marinated the pork belly strips and wrapped them up in advance. [문장2개]

4. 또 다른 친구는 함께 마실 보드카를 준비했다.

= [또 다른 친구는] + [준비했다] + 보드카를 + 함께 마실
　　　　S　　　　　　　 V

❶ 또 다른 친구는 + 준비했다

= Another friend brought us
・ 준비하다 = 가져오다

> **조의** '물건을 가져오다'라고 하면 보통 'bring something'이라고 하면 되지만, '~에게 물건을 가져오다'라고 하면 'bring someone something'이라고 한다. 표현법을 알아두자.
>
> bring vodka : 보드카를 가져오다
>
> bring us vodka : 우리에게 보드카를 가져오다

- 보드카를　　　　= vodka

- 함께 마실　　　　= to drink together

(어순 정리) **Another friend brought us vodka to drink together.** [문장1개]

5. 부러웠지만 우리는 모두 친구의 승진을 축하해주었다.

= ~에도 불구하고 + [우리는] + [부러웠다] + 그녀를 + [우리는] + [축하했다] + 모두
   S   V   S   V

+ 친구의 승진을

ⓒ ~에도 불구하고　　= Though

❶ 우리는 +　　　　= we were jealous of
　 부러웠다　　　　　• be jealous of : ~를 부러워 하다, ~를 시샘하다

　• 그녀를　　　　= her

❷ 우리는 +　　　　= we congratulated
　 축하했다

- 모두

> **= all**
> - 앞의 주어 다음에 위치하는 것이 자연스럽다.
> - we all : 우리 모두

- 친구의 승진을

> **= our friend on her promotion**
> - congratulate + 사람 + on ~ : ~에 대해서 '사람'을 축하하다.
> - congratulate our friend on her promotion : 친구의 승진을 축하했다.

어순 정리 **Though we were jealous of her, we all congratulated our friend on her promotion.** [문장2개]

5단계 미션클리어

※ 한글 문답을 보고 시간 내에 영어로 말해보기.(20초)

Korean ver.

12월 18일 토요일 쌀쌀함

친구 승진을 축하하기 위해서, 우리는 바비큐 파티를 열기로 했다.

친구는 우리들을 자기 집에 초대했다.

나는 일찍 도착해서 삼겹살을 미리 양념해서 랩에 싸두었다.

또 다른 친구는 함께 마실 보드카를 준비했다.

부러웠지만 우리는 모두 친구의 승진을 축하해주었다.

English ver.

Saturday, December 18th chilly

To celebrate my friend's promotion, we decided to throw a party.

My friend invited us to her house.

After arriving early, I marinated the pork belly strips and wrapped them

up in advance.

Another friend brought us vodka to drink together.

Though we were jealous of her, we all congratulated our friend on her

promotion.

오늘의
생활 영어 미션 ⑤⑨

12월 24일 금요일 눈

오늘은 크리스마스 이브다.

남자친구랑 지난달에 헤어져서 나는 솔로인 친구들과 파티를 열기

로 했다.

미리 준비한 트리도 함께 장식하고, 모두 선물도 가져왔다.

우리는 선물을 트리 밑에 두고 서로 교대로 랜덤으로 고르기를 했다.

캐롤을 들으며, 저녁을 먹으니 올해는 정말 크리스마스 기분이 드는

것 같았다.

※ 동사는 밑줄로 표시하기.

1. 오늘은 크리스마스 이브다. (1개)

2. 남자친구랑 지난달에 헤어져서 나는 솔로인 친구들과 파티를 열기로 했다. (2개)

3. 미리 준비한 트리도 함께 장식하고, 모두 선물도 가져왔다. (3개)

4. 우리는 선물을 트리 밑에 두고 서로 교대로 랜덤으로 고르기를 했다. (2개)

5. 캐롤을 들으며, 저녁을 먹으니 올해는 정말 크리스마스 기분이 드는 것 같았다. (3개)

해답

1. 오늘은 크리스마스 이브다. (1개)
2. 남자친구랑 지난달에 헤어져서 나는 솔로인 친구들과 파티를 열기로 했다. (2개)
3. 미리 준비한 트리도 함께 장식하고, 모두 선물도 가져왔다. (3개)
4. 우리는 선물을 트리 밑에 두고 서로 교대로 랜덤으로 고르기를 했다. (2개)
5. 캐롤을 들으며, 저녁을 먹으니 올해는 정말 크리스마스 기분이 드는 것 같았다. (3개)

※ 주어를 있는대로 찾아보기(숨어있는 주어 포함).

1. 오늘은 크리스마스 이브다.   (1개)

주어

2. 남자친구랑 지난달에 헤어져서 나는 솔로인 친구들과 파티를 열기로 했다.   (2개)

주어

3. 미리 준비한 트리도 함께 장식하고, 모두 선물도 가져왔다.   (3개)

주어

4. 우리는 선물을 트리 밑에 두고 서로 교대로 랜덤으로 고르기를 했다.   (2개)

주어

5. 캐롤을 들으며, 저녁을 먹으니 올해는 정말 크리스마스 기분이 드는 것 같았다. (3개)

주어

해답

1. (오늘은) 크리스마스 이브다.   (1개)

2. <나는> 남자친구랑 지난달에 헤어져서 (나는) 솔로인 친구들과 파티를 열기로 했다. (2개)

3. <우리는> 미리 준비한 트리도 <우리는> 함께 장식하고, <우리는> 모두 선물도 가져왔다.(3개)

4. (우리는) 선물을 트리 밑에 두고 (서로) 교대로 랜덤으로 고르기를 했다.   (2개)

5. <나는> 캐롤을 들으며, <나는> 저녁을 먹으니 <나는> 올해는 정말 크리스마스 기분이 드
는 것 같았다.   (3개)

• 주어 : ( ), 숨은 주어 : < >

3단계 문장 구조 파악하기

※ 보기를 이용해 문장을 완성하고, 문장의 구조 파악하기.

1. 오늘은 크리스마스 이브다.

= [   ] + [   ] + 크리스마스 이브
     S   V

2. 남자친구랑 지난달에 헤어져서 나는 솔로인 친구들과 파티를 열기로 했다.

= [   ] + [   ] + 남자친구랑 + 지난달에 + 그래서 + [   ] + [   ] + 파티를 + 솔로
    S   V   S   V

인 친구들과

3. 미리 준비한 트리도 함께 장식하고, 모두 선물도 가져왔다.

= [   ] + [   ] + 트리도 + ~한 + [   ] + [   ] + 미리 + 그리고 + [   ] +
    S   V   S   V   S

[   ] + 선물 + ~도
  V

4. 우리는 선물을 트리 밑에 두고 서로 교대로 랜덤으로 고르기를 했다.

= [   ] + [   ] + 선물을 + 트리 밑에 + 그리고 + [   ] + [   ] + 고르기를 + 랜덤으로
    S   V   S   V

5. 캐롤을 들으며, 저녁을 먹으니 올해는 정말 크리스마스 기분이 드는 것 같았다.

= ~하면서 + [   ] + [   ] + 캐롤을 + ~하면서 + [   ] + [   ] + 저녁을 + [   ]
            S   V   S   V   S

+ [   ] + 크리스마스 기분이 + 올해는
    V

보기

S   I / all / We / Today / each

V   decorated / took turns / listened to / is / brought / decided to throw / placed
     / ate / broke up with / could really feel / had prepared

※ 어휘를 활용해서 문장 완성하기.

1. 오늘은 크리스마스 이브다.

= [오늘은] + [이다] + 크리스마스 이브
　　　S　　　 V

❶ 오늘은 + 이다

= Today is

· 크리스마스 이브

= Christmas Eve

어순 정리 **Today is Christmas Eve.** [문장1개]

2. 남자친구랑 지난달에 헤어져서 나는 솔로인 친구들과 파티를 열기로 했다.

= [나는] + [헤어졌다] + 남자친구랑 +지난달에 + 그래서 + [나는] + [열기로 했다] +
　 S　　　 V　　　　　　　　　　　　　　　　　　　　 S　　　 V
파티를 + 솔로인 친구들과

❶ 나는 + 헤어졌다

= I broke up with
· break up with : 헤어지다

· 남자친구랑

= my boyfriend

· 지난달에

= last month

200

ⓒ 그래서

= so

❷ 나는 +
열기로 했다

= I decided to throw
• throw a party : 파티를 열다

• 파티를

= a party

• 솔로인 친구들과

= with my single friends

어순 정리 **I broke up with my boyfriend last month, so I decided to throw a party with my single friends.** [문장2개]

3. 미리 준비한 트리도 함께 장식하고, 모두 선물도 가져 왔다.

= [우리는] + [장식했다] + 트리도 + ~한 + [우리가] + [준비했다] + 미리 + 그리고 +
   S   V   S   V
[모두] + [가져왔다] + 선물 + ~도
  S   V

❶ 우리는 +
장식했다

= We decorated

• 트리도

= the tree

• ~한

= that
• 앞의 명사를 수식해 주는 형용사절 관계 접속사(생략 가능)

❷ 우리가 +
준비했다

= we had prepared

- 미리

= in advance

ⓒ **그리고**

= and

❸ **모두 + 가져왔다**

= all brought

- 선물

= presents

- ~도

= too

어순 정리 **We decorated the tree we had prepared in advance, and all brought presents too.** [문장3개]

4. 우리는 선물을 트리 밑에 두고 서로 교대로 랜덤으로 고르기를 했다.

= [우리는] + [두었다] + 선물을 + 트리 밑에 + 그리고 + [서로] + [교대로 했다] + 고
　　S　　　V　　　　　　　　　　　　　　　　　　　S　　　　V
르기를 + 랜덤으로

❶ **우리는 + 두었다**

= We placed
- place : 물건을 두다, 놓다

- 선물을

= the presents

- 트리 밑에

= under the tree

ⓒ 그리고	= and
❷ 서로 + 교대로 했다	= each took turns • 서로 = 각자, each : 제 각각 • take turns ~ing : ~ 하는데 교대로 하다
• 고르기를	= choosing one
• 랜덤으로	= at random

어순 정리 **We placed the presents under the tree, and each took turns choosing one at random.** [문장2개]

5. 캐롤을 들으며, 저녁을 먹으니 올해는 정말 크리스마스 기분이 드는 것 같았다.

= ~하면서 + [나는] + [들었다] + 캐롤을 + ~하면서 + [나는] + [먹었다] + 저녁을 +
           S   V   S   V

[나는] + [정말 드는 것 같았다] + 크리스마스 기분이 + 올해는
  S   V

ⓒ ~하니까	= As
❶ 나는 + 들었다	= I listened to
• 캐롤을	= carols
ⓒ ~하면서	= while

❷ 나는 + 먹었다

= I ate

· 저녁을

= dinner

❸ 나는 + 정말 드는 것 같았다

= I could really feel

· 크리스마스 기분이

= the Christmas spirit

· 올해는

= this year

(어순 정리) **As I listened to carols while I ate dinner, I could really feel the Christmas spirit this year.**

문장을 더 줄여보자

부사 의미의 접속사(as) 와 (while)이 들어간 문장 모두 주어와 동사를 변형시켜서 구문으로 바꿀 수 있다. 앞 문장의 주어 'I'와 뒷 문장의 주어 'I', 그리고 마지막 문장의 주어 역시 (I)로 중복이므로 접속사가 포함 된 문장의 주어 (I)는 모두 생략할 수 있다.

또한 동사 시제가 같은 과거형이므로 '동사원형+ing'를 붙여 준다.

As I listened to~ while I ate~, I was~

→ As listening to~ while eating~, I was~

여기서 문장 맨 앞의 'as' 접속사를 생략해도 의미상 문제가 없으므로 문장을 줄이기 위해 'as'도 생략해 준다.

As listening to~ while eating~, I was~

→ Listening to ~ while eating~, I was~

(어순 정리) **Listening to carols while eating dinner, I could really feel the Christmas spirit this year.** [문장1개]

5단계　미션클리어

※ 한글 문답을 보고 시간 내에 영어로 말해보기.(20초)

Korean ver.

12월 24일 금요일 눈　

오늘은 크리스마스 이브다.

남자친구랑 지난달에 헤어져서 나는 솔로인 친구들과 파티를 열기로 했다.

미리 준비한 트리도 함께 장식하고, 모두 선물도 가져왔다.

우리는 선물을 트리 밑에 두고 서로 교대로 랜덤으로 고르기를 했다.

캐롤을 들으며, 저녁을 먹으니 올해는 크리스마스 기분이 나는 것 같았다.

English ver.

Friday, December 24th snowy　

Today is Christmas Eve. I broke up with my boyfriend last month, so I decided to throw a party with my single friends.

We decorated the tree we had prepared in advance, and all brought presents too. We placed the presents under the tree, and each took turns choosing one at random.

Listening to carols while eating dinner, I could really feel the Christmas spirit this year.

오늘의
생활 영어 미션 60

12월 31일 금요일 눈

오늘은 금년 마지막 날이라 회사 직원들과 송년 파티를 열기로 했다.

회사 라운지를 빌려서 근무가 끝난 후 새해 카운트다운을 위해 모두

모였다.

정각 12시가 되니 모두들 "해피 뉴이어"를 외쳤다.

새해에는 여행을 더 많이 다녀 보는데 휴가를 사용할 거고, 계획하

던 다이어트 성과를 보고 싶다.

또한 이 회사에서 꼭 정직원이 되었으면 좋겠다.

모두 새해 복 많이 받으세요!

※ 동사는 밑줄로 표시하기.

1. 오늘은 금년 마지막 날이라 회사 직원들과 송년 파티를 열기로 했다. (2개)

2. 회사 라운지를 빌려서 근무가 끝난 후 새해 카운트다운을 위해 모두 모였다. (2개)

3. 정각 12시가 되니 모두들 "해피 뉴이어"를 외쳤다. (1개)

4. 새해에는 여행을 더 많이 다녀 보는데 휴가를 사용할 거고, 계획하던 다이어트 성과

   를 보고 싶다. (3개)

5. 또한 이 회사에서 꼭 정직원이 되었으면 좋겠다. (2개)

해답

1. 오늘은 금년 마지막 날이라 회사 직원들과 송년 파티를 <u>열기</u>로 <u>했다</u>. (2개)
2. 회사 라운지를 <u>빌려서</u> 근무가 끝난 후 새해 카운트다운을 위해 모두 <u>모였다</u>. (2개)
3. 정각 12시가 되니 모두들 "해피 뉴이어"를 <u>외쳤다</u>. (1개)
4. 새해에는 여행을 더 많이 다녀 보는데 휴가를 <u>사용할</u> 거고, <u>계획하던</u> 다이어트 성과를 <u>보</u>
   고 싶다. (3개)
5. 또한 이 회사에서 꼭 정직원이 <u>되었으면</u> <u>좋겠다</u>. (2개)

※ 주어를 있는대로 찾아보기(숨어있는 주어 포함).

1. 오늘은 금년 마지막 날<u>이라</u> 회사 직원들과 송년 파티를 <u>열기로</u> 했다. (2개)

주어

2. 회사 라운지를 <u>빌려서</u> 근무가 끝난 후 새해 카운트다운을 위해 모두 <u>모였다</u>. (2개)

주어

3. 정각 12시가 되니 모두들 "해피 뉴이어"를 <u>외쳤다</u>. (1개)

주어

4. 새해에는 여행을 더 많이 다녀 보는데 휴가를 <u>사용할 거고</u>, <u>계획하던</u> 다이어트 성과

   를 <u>보고 싶다</u>. (3개)

주어

5. 또한 이 회사에서 꼭 정직원이 <u>되었으면</u> 좋겠다. (2개)

주어

해답

1. 오늘은 <가주어> 금년 마지막 날이라 (회사 직원들과) 송년 파티를 <u>열기로</u> 했다. (2개)
2. <우리는> 회사 라운지를 <u>빌려서</u> 근무가 끝난 후 새해 카운트다운을 위해 (모두) <u>모였다</u>. (2개)
3. 정각 12시가 되니 (모두들) "해피 뉴이어"를 <u>외쳤다</u>. (1개)
4. 새해에는 <나는> 여행을 더 많이 다녀 보는데 휴가를 <u>사용할 거고</u>, <나는> <u>계획하던</u> 다이어트 성과를 <나는> <u>보고 싶다</u>. (3개)
5. 또한 이 회사에서 <나는> 꼭 정직원이 <u>되었으면</u> <나는> 좋겠다. (2개)

* 주어 : ( ), 숨은 주어 : < >

※ 보기를 이용해 문장을 완성하고, 문장의 구조 파악하기.

1. 오늘은 금년 마지막 날이라 회사 직원들과 송년 파티를 열기로 했다.

= 왜냐하면 + [   ] + [   ] + 금년 마지막 날 + 오늘은 + [   ] + [   ] + 송년 파티를
                  S   V   S   V

2. 회사 라운지를 빌려서 근무가 끝난 후 새해 카운트다운을 위해 모두 모였다.

= [   ] + [   ] + 회사 라운지를 + 그리고 + [   ] + [   ] + 근무가 끝난 후 + 새해
    S   V   S   V

  카운트다운을 위해

3. 정각 12시가 되니 모두들 "해피 뉴이어"를 외쳤다.

= 정각 12시가 되니 + [   ] + [   ] + '해피 뉴이어'
                         S   V

4. 새해에는 여행을 더 많이 다녀 보기 위해 휴가를 알차게 사용할 거고, 계획하던 다이

   어트 성과를 보고 싶다.

= 새해에는 + [   ] + [   ] + 휴가를 + 여행을 더 많이 다녀 보는데 + 그리고 + [   ] +
           S   V   S

  [   ] + 다이어트 성과를 + ~한 + [   ] + [   ]
    V   S   V

5. 또한 이 회사에서 꼭 정직원이 되었으면 좋겠다.

= 또한 + [   ] + [   ] + 꼭 + ~를 + [   ] + [   ] + 정직원이 + 이 회사에서
        S   V   S   V

보기

S   I / We / all / it / my coworkers

V   borrowed / really hope / am going to use / gathered / is / shouted / decided
     to throw / want to see / can become / am planning

※ 어휘를 활용해서 문장 완성하기.

1. 오늘은 금년 마지막 날이라 회사 직원들과 송년 파티를 열기로 했다.

= 왜냐하면 + [가주어] + [~이다] + 금년 마지막 날 + 오늘은 + [회사 직원들과] +
            S   V   S

[열기로 했다] + 송년 파티를
  V

ⓒ **왜냐하면**	= Because
❶ **가주어 + ~이다**	= it is
· 금년 마지막 날	= the last day of the year
· 오늘은	= today
❷ **회사 직원들과 +** **열기로 했다**	= my coworkers decided to throw
· 송년 파티를	= an end-of-the-year party · the end-of-the-year : 연말

어순 정리 **Because it's the last day of the year today, my cow-orkers decided to throw an end-of-the-year party.** [문장2개]

2. 회사 라운지를 빌려서 근무가 끝난 후 새해 카운트다운을 위해 모두 모였다.

= [우리는] + [빌렸다] + 회사 라운지를 + 그리고 + [모두] + [모였다] + 근무가 끝난
   S   V   S   V
후 + 새해 카운트다운을 위해

❶ 우리는 + 빌렸다

= We borrowed

· 회사 라운지를

= the office lounge

ⓒ 그리고

= and

❷ 모두 + 모였다

= all gathered

· 근무가 끝난 후

= after work

· 새해 카운트다운을 위해

= for a New Year's Eve countdown
   · eve : 전날 밤

어순 정리 **We borrowed the office lounge, and all gathered after work for a New Year's Eve countdown.** [문장2개]

3. 정각 12시가 되니 모두들 "해피 뉴이어"를 외쳤다.

= 정각 12시가 되니 + [모두들] + [외쳤다] + '해피 뉴이어'
                      S   V

· 정각 12시가 되니

= At exactly 12:00

❶ 모두들 + 외쳤다

= We all shouted

• "해피 뉴이어"

= "Happy New Year!"

(어순 정리) At exactly 12:00, we all shouted, "Happy New Year!" [문장1개]

4. 새해에는 여행을 더 많이 다녀 보는데 휴가를 사용할 거고, 계획하던 다이어트 성과를 보고 싶다.

= 새해에는 + [나는] + [사용할 것이다] + 휴가를 + 여행을 더 많이 다녀 보는데 + 그
　　　　　　 S　　　　　 V
리고 + [나는] + [보고 싶다] + 다이어트 성과를 + ~한 + [내가] + [계획하고 있다]
　　　　 S　　　　　 V　　　　　　　　　　　　　　　　 S　　　　　 V

• 새해에는

= This new year

❶ 나는 + 사용할 것이다

= I'm going to use

• 휴가를

= my vacation days

• 여행을 더 많이 다녀 보는데

= to go on more trips
• go on a trip : 여행을 가다

ⓒ 그리고

= and

❷ 나는 + 보고 싶다

= I want to see

· 다이어트 성과를

= results for the diet

ⓒ ~한

= that
· 앞의 명사를 수식해 주는 형용사절 관계 접속사(생략 가능)

**❸ 내가 +
계획하고 있다**

= I'm planning

(어순 정리) **This new year, I'm going to use my vacation days to go on more trips, and want to see results for the diet I'm planning.** [문장3개]

5. 또한 이 회사에서 꼭 정직원이 되었으면 좋겠다.

= 또한 + [나는] + [좋겠다] + 꼭 + ~를 + [나는] + [될 수 있다] + 정직원이 + 이 회사
         S   V   S   V
에서

· 또한

= Also

❶ 나는 + 좋겠다

= I hope
· 나는 ~하면 좋겠다 = 나는 ~하길 바란다

· 꼭

= really
· 문장 안에 위치할 때는 일반 동사 앞에 쓴다.

- ~를

= that
- 뒤의 문장을 명사처럼 이끄는 명사절 접속사이며 생략 가능하다.

**❷ 나는 +
될 수 있다**

= I can become
- become : ~이 되다

- 정직원이

= a full-time employee
- employee : 직원
- employer : 고용주

- 이 회사에서

= at this company

(어순 정리) **Also I really hope I can become a full-time employee at this company.** [문장2개]

Korean ver.

12월 31일 금요일 눈

오늘은 금년 마지막 날이라 회사 직원들과 송년 파티를 열기로 했다.

회사 라운지를 빌려서 근무가 끝난 후 새해 카운트다운을 위해 모두 모였다.

정각 12시가 되니 모두들 '해피뉴이어'를 외쳤다.

새해에는 여행을 더 많이 다녀 보는데 휴가를 사용할 거고, 계획하는 다이어트 성과를 보고

싶다. 또한 이 회사에서 꼭 정직원이 되었으면 좋겠다. 모두 새해 복 많이 받으세요!

English ver.

Friday, December 31st snowy

Because it's the last day of the year today, my coworkers decided to throw an end-of-the-year party. We borrowed the office lounge, and all gathered after work for a New Year's Eve countdown. At exactly 12:00, we all shouted, "Happy New Year!" This new year, I'm going to use my vacation days to go on more trips, and want to see results for the diet I'm planning. Also I really hope I can become a full-time employee at this company. Happy new year, everyone!